国家级职业教育规划教材
人力资源社会保障部职业能力建设司推荐

国家级职业教育规划教材
全国职业院校学前教育专业教材

第 2 版

幼儿
体育教育活动设计与指导

姚明焰　黄珊　主编

中国劳动社会保障出版社

简　介

本教材为全国职业院校学前教育专业国家级规划教材，由人力资源社会保障部教材办公室组织编写。教材结合幼儿体育活动设计案例，对幼儿体育游戏活动、幼儿韵律体操、幼儿垫上运动及幼儿户外器械活动等进行了全面阐述，并对幼儿体育教育活动的基础知识和幼儿体质测试与评价方法进行了介绍，使内容更加符合幼儿体育教育活动的实践需求。

本教材由姚明焰、黄珊任主编，刘一任副主编，邓晓、徐超、刘爽、郭之浩、王建参与编写，陈冬华主审。许鹤琳、闫明慧、姜月帅、李睿钰、王紫岳动作示范。

图书在版编目（CIP）数据

幼儿体育教育活动设计与指导 / 姚明焰，黄珊主编．-- 2 版．-- 北京：中国劳动社会保障出版社，2020

全国职业院校学前教育专业教材

ISBN 978-7-5167-0528-5

Ⅰ.①幼…　Ⅱ.①姚…　②黄…　Ⅲ.①学前教育－体育课－高等职业教育－教材　Ⅳ.①G613.7

中国版本图书馆 CIP 数据核字（2020）第 124370 号

中国劳动社会保障出版社出版发行

（北京市惠新东街 1 号　邮政编码：100029）

*

北京市艺辉印刷有限公司印刷装订　新华书店经销

787 毫米 × 1092 毫米　16 开本　12.5 印张　213 千字

2020 年 8 月第 2 版　2024 年 5 月第 5 次印刷

定价：28.00 元

营销中心电话：400-606-6496

出版社网址：http://www.class.com.cn

http://jg.class.com.cn

前 言

学前教育是终身学习的开端，是国民教育体系的重要组成部分，是重要的社会公益事业。学前教师教育担负着培养学前师资的重任，始终受到国家的高度重视，2018 年《中共中央　国务院关于学前教育深化改革规范发展的若干意见》明确提出要“办好学前教育”“大力加强幼儿园教师队伍建设”。为了适应学前教育发展的形势，满足学校培养学前师资的教学要求，2020 年，我们对全国职业院校学前教育专业教材进行了修订和补充，重点做了以下几方面的工作。

第一，完善了教材体系。根据目前职业院校学前教育专业的教学实际，增加了《幼儿行为观察与指导》《幼儿园游戏》等教材，将《舞蹈（第二版）》和《幼儿舞蹈创编与教法》整合为《幼儿教师舞蹈基础》，将《基本乐理与伴奏编配（第二版）》分为《基本乐理》和《简易钢琴伴奏构建法》。调整后，整套教材体系更加科学、完善，便于教学的开展。

第二，更新了教材内容。对上版教材中的部分内容进行了调整、补充和更新，使教材更加符合当前职业院校学前教育理念和实践方法。增加了实践性教学内容的比重，主要技能点均配以详细的操作指导，以引导学生运用所学知识分析和解决实际问题。

第三，提升了教材表现形式。通过设置知识卡、能力卡、情景再现、引导案例等栏目，增加教材的亲和力，激发学生的学习兴趣。同时，加强了图片、表格及色彩的运用，营造出更加直观的认知环境，提高了教材的趣味性和可读性。

第四，加强了教材立体化资源建设。在教材修订的同时，开发了与教材配套的习题册和电子课件。电子课件及习题答案可登录技工教育网（jg.class.com.cn），搜索相应的书目，在相关资源中下载。在部分教材中使用了二维码技术，针对教材中的教学重点和难点制作了演示视频、音频等多媒体素材，学生使用移动终端扫描二维码即可在线观看或收听相应内容。

本套教材的编写得到了有关学校的大力支持，教材编审人员做了大量的工作，在此我们表示衷心的感谢！同时，恳切希望广大读者对教材提出宝贵的意见和建议。

人力资源社会保障部教材办公室

目　录

第一章 幼儿体育教育活动概述

学习目标

- 了解幼儿体育教育活动在学前教育中的意义
- 掌握幼儿体育教育活动的培养目标和基本内容
- 初步具有应用幼儿体育教学法的能力

第一节 幼儿体育教育活动的概念与意义

一、幼儿体育教育活动的概念

体育是有目的、有计划地促进人体全面发展，增强体质，传授锻炼身体的基本知识、技术和技能，培养健康的心理、良好的社会适应能力和道德意志品质的一种实践性教育过程。

幼儿体育教育活动是指教师根据幼儿的身心发展水平，以幼儿身体练习为基本手段，为保证幼儿正常生长发育、提高其体质健康水平、培养其道德意志品质与合作意识而进行的一种有目的、有组织的综合性教育活动。

在2016版《幼儿园工作规程》（以下简称《规程》）中明确指出："学前教育的任务是向幼儿进行德、智、体、美、劳全面发展的教育，使幼儿身心健康和谐地发展。"《规程》确立了体育在学前教育中的地位及其重要性。

二、幼儿体育教育活动的意义

1. 促进幼儿身体发育

幼儿时期是人体生长发育最快速的时期，一方面是各组织、器官、系统及身体重量的增加和容积的快速增长，即俗称的长身体；另一方面是各种细胞、组织、系统形态结构的不断分化和功能的逐步完善。在幼儿生长发育过程中，结合各种符合幼儿身心发展特征、以生动有趣形式开展的幼儿体育教育活动，能有效促进幼儿正常的生长发育，发展其走、跑、跳、攀爬和投掷等基本活动能力，使幼儿身体灵活、协调，体格健壮，体形匀称发展。

（1）有助于促进幼儿骨骼和肌肉的良好发育

骨骼发育一方面是骨骼的纵向发育，即骨骼长度的增长；另一方面是骨骼的横向发育，即骨骼宽度的增长。通过体育锻炼，可以使幼儿骺软骨在有效的作用力下不断骨化，从而促进骨骼长度的增长；同时，体育锻炼能使骨骼的血液供给得到改善，骨小梁的排列更加整齐而有规律，使骨骼逐渐变得粗壮而坚固，从而提高幼儿骨骼的抗折、抗变和抗扭转等性能，促进幼儿骨骼的良好发育。有研究表明，从小进行有益的体育锻炼，可以使身高比在正常生长情况下增长8 ~ 12厘米，且身体各部位的损伤率远比不经常参加体育锻炼的人群要低。

此外，通过体育锻炼，还可以使幼儿肌纤维变粗、肌肉中的供能物质增加、肌肉的血液供给量增多，从而使肌肉的力量增强、韧带和关节囊增厚。因此，经常进行体育锻炼的幼儿，通常比不经常锻炼的幼儿跑得快、跳得高，身体的灵敏性、协调性和坚持性也更好。

（2）有助于完善幼儿的心肺功能

幼儿的心肺功能尚处于发育完善的过程中。经常参加体育锻炼的幼儿，其心血管的形态、结构和机能都会发生一系列良好的适应性变化，主要表现在心肌发育上。因为在运动时，人体对氧的需求迅速增加，心肌细胞的收缩力增强，心肌逐渐变得有力；此外，由于肌肉的不断运动和挤压，使得回心血流量增加，心脏容积增大，以上变化使得每搏输出量（心脏每跳动一次所输出的血液量）大大增加，使幼儿能够在氧供应相对充足的状态下，保持旺盛的体力和充沛的精力从事各项活动。

体育锻炼对幼儿肺功能的影响主要表现在肺活量的提高上。幼儿在运动时，身体的需氧量大幅度增加，呼吸加深、加快，每次呼出和吸入肺泡的气体量也相应增加，使得通气肺泡的数量增加，肺活量提高。

（3）有助于提高幼儿的身体适应能力

身体适应能力是指人体在适应外界环境中表现出来的机能，包括对外界自然环境变化所表现出来的自身调节功能以及保持身体内部平衡的能力。体育锻炼有利于幼儿适应自然环境的变化。

在正常情况下，人体能够通过自身的调整而适应一般的环境变化，并维持其正常功能。而当外界环境的变化过于强烈并超过人体所能适应的范围时，人体就容易患上各种疾病。体育教育活动主要在室外开展，幼儿能充分接触阳光、空气、水、沙石和草木等自然环境，身体在外界环境的不断变化中能够得到锻炼和适应。例如，在炎热的夏季或寒冷的冬季进行户外体育锻炼，可以改善幼儿身体对体温变化的调节能力，从而提高其身体对外界环境变化的适应能力。

2. 促进幼儿心理发展

有效的体育教育活动能对幼儿心理发展产生积极的影响。幼儿在进行体育锻炼的过程中，始终伴随着认知、情绪、情感和个性等方面的心理变化，如进行韵律体操练习时，幼儿需要认真地观察、模仿、记忆各个操节，掌握每个动作的完成方法，并在音乐的伴奏下，动作准确、姿态优美、协调熟练地完成一整套组合动作。在不断练习、掌握成套组合动作的过程中，幼儿的空间感知、运动知觉以及观察、注意、想象和记忆等认知能力都有所发展。

3. 促进幼儿社会性发展

幼儿阶段是人走向社会化的初始阶段。首先，幼儿体育教育活动明显具有互动性，体现在幼儿与幼儿个体之间、幼儿与教师之间以及幼儿与集体之间的交往上。幼儿在体育运动的交流环境中，相互配合、协同运动，面对苦累、失败，相互尊重、鼓励，共同克服困难，分享运动的乐趣与进步的喜悦，从而促进幼儿社会交往能力的启蒙和发展。其次，幼儿体育教育活动包含多种多样的集体行为方式，如模仿、合作、竞争、顺应、同化等。丰富多彩的体育游戏活动、体操展演、球类竞赛等，有利于幼儿学会与同伴友好合作、建立良好的人际关系和积极向上的心态；各种有针对性的集体配合练习、组间“对抗类”练习，有利于幼儿团队协作意识的形成，帮助幼儿观察自己、了解他人，学会与人相处和交往。

4. 锻炼幼儿意志品质

意志是自觉确定目的，并根据目的来支配、调节自己的行动，克服各种困难，从而实现目的的心理活动，它包括自觉性、果断性和坚持性等。

人在幼儿期就已经表现出意志品质的初步状态。例如，幼儿对于自己喜欢的运动，表现出超乎寻常的坚持性和积极主动性。因此，利用体育教育活动培养幼儿的意志品质具有重要的作用意义。

体育活动中的规则性、集体性和竞争性，不仅能有效地培养幼儿自觉遵守规则、诚实、自律、公平竞争、合作乐群等优良品质，同时能培养幼儿的集体荣誉感以及交往、协作能力。此外，体育活动需要幼儿身体忍受因运动负荷变化所引起的骨骼、肌肉、心跳以及呼吸等的不适感，可以培养幼儿坚强、不怕苦、不怕累的意志品质。体育活动要求幼儿有序搬移、摆放和收拾相关器械、玩具等用具，能够使幼儿在健身娱乐的过程中，形成良好的行为习惯。

第二节　幼儿体育教育活动的目标与内容

一、幼儿体育教育活动的目标

幼儿体育教育活动的目标是指幼儿在体育教育活动实践中所要达到的预期结果，它是根据《规程》和《幼儿园教育指导纲要（试行）》中健康领域目标的基本精神而确定的，体现了健康领域幼儿体育教育活动的价值取向和发展方向。

幼儿体育教育活动的总目标概括起来就是：通过体育游戏活动、韵律体操、垫上运动和器械运动等形式多样的体育活动，培养幼儿运动兴趣，习得运动技能，增进体质健康，形成优良品质。

1. 培养运动兴趣

激发幼儿参加体育活动的积极主动性，使幼儿充分享受运动的乐趣，形成积极乐观的心态，并初步养成参加体育活动的习惯。

2. 习得运动技能

掌握走、跑、跳、攀爬、躲闪、悬垂、掷准、掷远等基本技能及韵律体操、垫上运动和器械运动的基本技术，发展身体的移动能力、控制能力和实物操控能力。

3. 增进体质健康

促进幼儿身体发育正常、体格健壮、体型匀称，形成正确的写姿、坐姿、站姿和行姿等基本姿势，防控体重超标；提高幼儿柔韧、灵敏、反应速度、有氧耐力和力量等身体素质，增强身体协调性和平衡性；使幼儿的心肺机能保持良好的发育状态，精力充沛，具有良好的对自然环境的适应力和对疲劳、疾病的抵抗力；幼儿体质测试达到合格标准。

4. 形成优良品质

使幼儿体验运动的乐趣，形成积极的情绪、开朗活泼的性格以及集体配合的意识和能力，促进幼儿认知、感知能力的良好发展；培养幼儿能吃苦、不怕脏和累、专注、坚强、遵守规则、乐观自信、合作乐群的优良品质。

知识卡

幼儿各年龄阶段动作与适应能力发展培养目标

一、小班（3～4岁）目标

目标1　具有一定平衡能力，动作协调、灵敏

1. 能沿地面直线或在较窄的低矮物体上走一段距离。
2. 能双脚灵活交替上下楼梯。
3. 能身体平稳地双脚向前连续跳。
4. 分散跑时能躲避他人的碰撞。
5. 能双手向上抛球。

目标2　具有一定的力量和耐力

1. 能双手抓杠悬垂10秒左右。
2. 能单手将沙包向前投掷2米左右。
3. 能单脚连续向前跳2米左右。
4. 能快跑15米左右。
5. 能行走1千米左右（途中可以适当停歇）。

目标3　具有一定的适应能力

1. 能在较热或较冷的户外环境中活动。
2. 能在成人帮助下较快适应集体生活。

二、中班（4～5岁）目标

目标1　具有一定平衡能力，动作协调、灵敏

1. 能在较窄的低矮物体上平稳地走一段距离。

2. 能以匍匐、膝盖悬空等多种方式钻爬。

3. 能助跑跨跳过一定距离，或助跑跨跳过一定高度的物体。

4. 能与他人玩追逐、躲闪跑的游戏。

5. 能连续自抛自接球。

目标2　具有一定的力量和耐力

1. 能双手抓杠悬垂15秒左右。

2. 能单手将沙包向前投掷4米左右。

3. 能单脚连续向前跳5米左右。

4. 能快跑20米左右。

5. 能行走1.5千米左右（途中可以适当停歇）。

目标3　具有一定的适应能力

1. 能在较热或较冷的户外环境中连续活动半小时左右。

2. 能较快适应人际环境中发生的变化。

三、大班（5～6岁）目标

目标1　具有一定平衡能力，动作协调、灵敏

1. 能在斜坡、荡桥和有一定间隔的物体上较平稳地行走。

2. 能以手脚并用的方式安全地爬攀登架、网等。

3. 能连续跳绳。

4. 能躲过他人抛出的球或沙包。

目标2　有一定的力量和耐力

1. 能双手抓杠悬垂20秒左右。

2. 能单手将沙包向前投掷5米左右。

3. 能单脚连续向前跳8米左右。

4. 能快跑25米左右。

5. 能行走1.5千米以上（途中可以适当停歇）。

目标3　具有一定的适应能力

1. 能在较热或较冷的户外环境中连续活动半小时以上。

2. 能较快融入新的人际关系环境。

二、幼儿体育教育活动的内容

幼儿体育教育活动的内容是根据幼儿身心发展水平，为实现幼儿体育教育活动目标而进行的各种锻炼身体的实践性活动，主要包括以下四类。

1. 幼儿体育游戏活动

幼儿体育游戏活动即以游戏的形式来发展幼儿的走、跑、跳、爬行、攀登和投掷等基本活动能力的各种身体练习或体育活动。幼儿体育游戏活动主要包括幼儿爬行游戏、幼儿走跑游戏、幼儿跳跃游戏和幼儿投掷游戏等。

2. 幼儿韵律体操

幼儿韵律体操即在音乐伴奏下，通过上肢、下肢和躯干等身体各部位的协调配合，按照一定的锻炼目的和程序所进行的操化性身体练习。幼儿韵律体操主要包括幼儿小动物模仿操、幼儿拍击操、幼儿姿态操和幼儿轻器械体操等。

3. 幼儿垫上运动

幼儿垫上运动即幼儿借助垫子（地毯）的支撑和保护作用，根据其身体结构特点，按照一定的目的和运动方法，在垫上通过脚以外部位支撑或依次支撑进行的身体运动。根据动作的结构特点和完成形式，幼儿垫上运动的内容包括不同形式的滚动类练习、翻转类练习、支撑类练习、平衡类练习、移动（爬行）类练习以及拉伸类练习等。

4. 幼儿户外器械活动

幼儿户外器械活动即幼儿在户外固定性器械及可移动器械上进行的身体活动，如攀登架和肋木运动、攀岩运动以及滑滑梯、荡秋千、蹦蹦床等运动。

此外，轮滑、小足球、游泳、武术等深受幼儿喜爱的运动项目也可纳入幼儿体育教育活动的内容之中。

第三节　幼儿体育教育活动的组织形式与教学方法

一、幼儿体育教育活动的组织形式

幼儿体育教育活动的组织形式多种多样，其中最基本的组织形式有：幼儿早操活动、幼儿体育教学活动和幼儿户外体育活动。此外，幼儿运动会、幼儿体育节、远足等组织形式，在幼儿体育教育活动中也越来越受到重视。幼儿体育教育活动不同的组织形式具有不同的目的任务和活动内容，并形成了各自不同的特点。在幼儿体育教育活动中，各种组织形式相互补充，共同实现幼儿体育教育活动的目标，使幼儿身心得到和谐发展。

1. 幼儿早操活动

早操活动是幼儿园早晨组织幼儿进行身体锻炼的一种组织形式。通过早操活动，可以使幼儿身体和精神处于良好的状态，愉快地开始一天的幼儿园生活。

幼儿早操活动的时间一般安排在早晨 7∶30—8∶00 或 9∶00—10∶00，活动持续时间为 15 ~ 25 分钟。根据季节和气候的变化，对活动的时间和强度可以做适当调整。一般夏季活动的时间可以适当延长，冬季活动的时间则要相对短一些，但强度可以稍大。早操活动的形式主要以集体活动为主，内容可以相同也可不同，一般要根据幼儿的年龄阶段适当进行难易度和运动量的调整。

幼儿早操活动的内容相对简单，运动量不宜过大，应是幼儿熟悉和喜欢的韵律体操、游戏活动、舞蹈韵律活动等内容。

2. 幼儿体育教学活动

幼儿体育教学活动是一种有目的、有计划地发展幼儿运动能力，增强幼儿体质的教育活动，是实现幼儿教育活动目标的主要组织形式。幼儿体育教育活动包含一定的教学和指导环节，教师需依据幼儿身心发展特点，遵循体育教学和运动技能形成的规律，科学有效地指导幼儿完成各类体育游戏活动、体操运动等，从而系统、全面地发展幼儿跑、跳、投、攀爬等基本运动能力，提高幼儿的柔韧、灵敏、速度和耐力等身体素质，培养其良好的平衡性、协调性和身体控制能力。

幼儿体育教学活动一般每周安排 2 ~ 3 次，每次活动的时间为：小班 15 ~ 20 分钟，中班 20 ~ 25 分钟，大班 30 分钟左右，形式以班集体活动为主。

3. 幼儿户外体育活动

幼儿户外体育活动是在户外开展的一种体育教育活动的组织形式。户外体育活动的目的是让幼儿能够在户外按照自身的兴趣爱好、能力和水平，有选择地进行体育活动，以便调动幼儿参加活动的主动性和积极性，使幼儿身心和谐地发展。

幼儿户外体育活动一般安排在上午和下午各一次，每次活动的时间为 30 分钟左右，活动形式以分散的自由活动为主，集体活动为辅。此外，幼儿园可以根据自身的场地条件、班级数量、幼儿人数等，采用班级轮换、同龄、混龄等不同模式，创新活动形式。

幼儿户外体育活动的内容主要包括各种大、中、小型运动器械活动，通过游戏形式进行的各种基本动作练习，韵律体操活动，利用阳光、空气、水和沙石等自然因素进行的各种活动及户外区域体育活动等。

户外区域体育活动是指幼儿在一定的体育活动区域内自主选择的游戏活动，它是教师根据幼儿健康领域的目标、内容与要求，遵循幼儿的生理、心理特点及运动能力发展特点，打破幼儿班级界限，根据幼儿园环境，因地制宜地把各种不同的场地创设为多个不同的体育游戏活动区域，并在每个区域中有针对性地放置各种游戏器械、玩具和教具，让幼儿自主参加运动，用自己感兴趣的方式在运动中发展动作、增强体质的一种体育教育活动形式。户外区域体育活动具有开放性、自主性、层次性和灵活性等特点。

二、幼儿体育教育活动的教学方法

幼儿体育教学既要贯彻当今社会发展对幼儿身心发展所提出的要求，又要充分体现幼儿体育教育活动的趣味性、健身性和安全性。因此，幼儿体育教育活动必须依据幼儿生长和身心发展规律，合理运用教学方法，因材施教，科学而有效地组织幼儿完成各种体育活动。教师对教学指导方法的合理应用，不仅是教师专业技能、教学技巧的体现，同时也是教学效果和质量的保证。幼儿体育教育活动的教学方法主要有以下几种。

1. 动作示范法与讲解法

（1）动作示范法

动作示范法是指导幼儿进行体育活动的一个重要方法，即教师以某一具体动作为范例，让幼儿直观形象地了解所要学习的动作概貌、技术结构、要领和规范。在幼儿体育教学指导实践中，动作示范法的应用需注意以下几个方面：

1）示范要有明确的目的性。示范需考虑活动任务要求、动作结构以及幼儿身心特点等具体情况，突出动作的技术要点、关键环节和注意事项，防止盲目性。

2）示范要正确、生动、形象，富有表现力。示范时要按照动作的技术要领、顺序和要求来完成，充分发挥肢体动作的魅力；示范力求熟练、正确，富有启发性和感染力，帮助幼儿建立完整、良好的动作表象，同时激发其学习的兴趣，提高教学效果。

3）示范要利用合理的位置和方向。教师示范的位置和方向合理与否，直接关系示范的效果。在幼儿体育教育活动中，教师示范的位置和方向一般根据幼儿的人数、队形、动作技术、观察部位以及场地情况和安全要求等因素来确定。示范面主要采用正面示范、背面示范和侧面示范，较少采用镜面示范。示范位置要选择合适的距离，并调整好幼儿的观察视线。一般幼儿视线与动作示范面越接近垂直越有利于观察，如果幼儿人数多或分散站立时，应和幼儿保持一定的距离进行示范。此外，为了突出不同部位的动作示范，示范的位置也要有所变化。在户外时，教师应选择面向太阳或迎风的站位示范，既保护幼儿，同时也避免幼儿因面向太阳或迎风而影响观察效果。

4）示范要注意调控速度。应根据幼儿的实际情况，由慢到快，运用不同的节奏和节拍调控动作速度进行示范。

（2）讲解法

讲解法是教师在体育教育活动中，通过简明、生动的口头语言，向幼儿讲解动作或运动方法，介绍规则要求，传授基础知识，组织幼儿完成身体练习的指导方法。教师应简单、形象地描绘、陈述，诱导性地设疑、解疑，使幼儿在较短时间内清晰、直观地获得相关知识、动作要领和练习方法等。在幼儿体育教学指导实践中，讲解法的应用需注意以下几个方面：

1）讲解要有明确的目的。要根据教学内容、教学任务和幼儿年龄特点，明确“讲什么”和“怎样讲”，做到心中有数、有的放矢。

2）讲解要简练、准确，重点突出。讲解的逻辑思维和层次应清晰，形象简明地讲解动作要领、完成方法和规则规范，做到精讲多练。讲解应符合幼儿的认知特点和接受能力，如对于比较简单的动作可以采用讲解结合动作示范的方法，对于复杂的技术动作可以采用分段讲解的方法等。

3）讲解要生动形象、通俗易懂。生动形象的语言可以简化较复杂的技术和活动内容，容易激发幼儿的练习兴趣。在幼儿体育教育活动中，常要以幼儿熟悉的事物来形象地比喻动作做法和要领，如“小兔跳”“小鸟飞”等，这就要求教师在具备较高运动技能的同时，还要具有较强的语言表达能力。

4）讲解要与示范相结合。幼儿的认知很大程度上依赖于行动，其思维大多由行动引起，且容易受外部环境的干扰，注意力较不稳定，不会有意识地识记教师的讲解。幼儿较容易记住具体生动、形象鲜明、能引起其强烈情绪的正向话语或事物，因此，简明的讲解结合直观形象的动作示范，会让教学指导起到事半功倍的作用。

2. 完整教学法与分解教学法

（1）完整教学法

完整教学法是指对某一动作或游戏活动不分步骤进行教学的方法，它一般用于比较简单或结构严谨、难以分解的动作，如深蹲站起动作。该教学方法不会破坏动作结构，易于让幼儿建立完整的动作概念。

（2）分解教学法

分解教学法是指将一动作或游戏活动合理地分成几个步骤，分别进行教学的方法，它一般用于动作重点或难点比较突出的动作，如前滚翻动作。该教学方法可以使幼儿更快地掌握动作要领。

完整教学法和分解教学法不是孤立、固定不变的，而是要灵活运用、相互联系、相互补充，如韵律体操中的基本动作均涉及上肢动作和下肢动作，一般先采用分解教学法分别教授下肢和上肢动作，然后再采用完整教学法进行上、下肢配合的完整教学。

3. 保护与帮助法

幼儿对事物有强烈的好奇心，但缺乏生活经验，加上动作灵敏性和协调性较差，因此，在幼儿体育教育活动中，保护与帮助尤为重要。教师合理正确地运用保护与帮助法，可以增强幼儿完成动作的信心，克服不必要的紧张和畏惧心理，有利于幼儿正确体会动作要领，避免运动损伤，并保证教学效果。

根据性质的不同，保护与帮助法可以分为他人保护和自我保护、直接帮助和间接帮助。在幼儿体育教育活动中，主要是以他人保护和直接帮助为主。教师应在教学的不同阶段，根据活动的内容、特点与具体的动作来确定幼儿的站位、手法和移动，选择合适的时机，同时结合语言、口令和身体辅助动作等，有效地实施保护与帮助法。

4. 运动负荷量控制法

运动负荷量是指幼儿在体育活动中所承受的生理负荷量，它受活动的强度、频率、数量以及持续时间等因素影响。运动负荷量的大小直接影响锻炼的效果。负荷量太小，幼儿身体各器官得不到充分活动，不能达到锻炼目的；负荷量太大，超过了幼儿的承受力，则会影响幼儿的身体健康。在幼儿体育教学实践中，运动负荷量控制法的应用需注意以下几个方面。

（1）考虑体育活动的适量性

把握好运动的强度与频率，根据幼儿的年龄差异确定合理的运动量，并在活动中注意观察、询问幼儿活动情况，及时调整教学活动。

（2）重视体育活动的结构性

根据幼儿在活动中的意志、情绪、态度等心理特点以及身体机能、运动能力等诸多因素，合理搭配不同性质、不同类型的运动，在活动的每个环节考虑运动与休息的合理交替。

（3）遵循体育活动循序渐进的原则

体育活动的内容和方法遵循由易到难、由简到繁，运动负荷遵循由小到大、由弱到强的原则。在激发幼儿活动积极性的同时，应注意缓解幼儿身心高度紧张和兴奋的状态，给幼儿提供一个缓冲的过程，让其在运动中逐渐由兴奋状态过渡到相对安静的状态。

思考·练习

1. 简述幼儿体育活动的意义。

2. 幼儿体育活动的组织形式包括哪些？

3. 贴近幼儿生活、回归大自然是现代社会赋予幼儿体育活动的一个新内容，如何合理地利用阳光、空气、水、沙石等自然因素组织幼儿进行体育活动？

第二章 幼儿体育游戏活动设计与指导

学习目标

- 了解各年龄阶段幼儿身体动作和运动能力特点
- 掌握幼儿体育游戏活动的设计方法，具有设计游戏的能力
- 能够组织并指导幼儿进行体育游戏活动

第一节　幼儿体育游戏活动概述

一、幼儿体育游戏活动的概念

幼儿体育游戏活动是以培养幼儿运动兴趣、发展幼儿身体素质和基本活动能力为主要目的，以跑、跳、钻爬、投掷和抛接等身体练习为基本手段，具有一定活动情节、角色和规则的身体活动。幼儿体育游戏活动的构成要素主要包括游戏目的、游戏内容（基本动作）、游戏规则、游戏角色、游戏情节和游戏条件等。幼儿体育游戏活动既是幼儿体育教育活动的一种方法，也是对幼儿进行体、德、智、美、劳全面教育的重要形式。

二、幼儿体育游戏活动的分类

幼儿体育游戏活动内容丰富、形式多样，按不同的分类依据可以分为不同的类型，具体见表 2–1–1。

表 2–1–1　幼儿体育游戏活动的分类

分类依据	游戏类别
幼儿基本动作及其活动能力	钻爬类游戏、行走类游戏、奔跑类游戏、跳跃类游戏、投掷类游戏和抛接类游戏等
幼儿身体素质发展要求	灵敏类游戏、速度类游戏、柔韧类游戏、力量类游戏、耐力类游戏、平衡类游戏和协调类游戏等
游戏组织形式	班集体游戏（全班）、小组游戏（分组）、师生或生生互动游戏等
游戏有无情节性	情节性游戏、非情节性游戏等
体育运动项目	趣味田径类游戏、快乐体操类游戏、足球类游戏、篮球类游戏、武术类游戏等

在各种游戏内容的分类中，最常见的是按照基本动作及其活动能力分类。该分类具有较强的游戏目的性和练习针对性，能清楚地了解游戏活动过程中动作发展的基本特征，有效地促进幼儿身体素质和基本运动能力的发展。

三、幼儿体育游戏活动的设计

幼儿体育游戏活动的设计应根据游戏创编的原则、幼儿身心发展的特点以及幼儿园的场地和器材条件，从游戏活动的目的、组织方式以及规则和要求等方面进行全面考虑和编排，以调动幼儿参加游戏活动的积极性，并在游戏活动中获得愉快的运动体验，使幼儿在动作发展、运动能力、身体素质以及规则与合作意识等方面得到全面发展。

1. 幼儿体育游戏活动设计的原则

合理的体育游戏活动设计为幼儿科学有效地锻炼身体提供了保障。要使体育游戏活动设计合理并具有锻炼的实效性，需遵循以下基本原则并做到相互渗透、灵活运用。

（1）目的性原则

目的性是设计体育游戏活动需首先考虑的原则，任何教育活动都应有明确的目的和任务。设计体育游戏活动，首先应确立游戏的主要目的，即发展幼儿攀爬、跑跳、投掷等各种基本动作或提高身体素质、增强体质等；其次应注意幼儿游戏的隐性教育因素，即促进幼儿意志品质、个性心理、想象力和协作能力等方面的发展。

具体到幼儿体育游戏活动的设计案例中，每个游戏活动均要有目的地选择一个或多个身体基本练习，如爬行、奔跑、跳跃、投掷等，通过设计“集体协作、竞赛、展演等”团队活动形式，安排适当的运动量与运动强度，达到锻炼和育人目的。

（2）趣味性原则

趣味性是幼儿体育游戏活动的显著特征。在幼儿体育教育活动中，将各种发展身体的、较单一枯燥的动作练习和体能训练，通过丰富有趣的角色创设、情节铺垫和趣味竞赛等游戏形式，变为生动而有趣的活动，可以有效地调动幼儿参加运动的积极性，使幼儿轻松愉快地完成各种身体练习。

在幼儿体育教学实践中，根据幼儿的身心发展需要，应从以下几个方面设计能引起幼儿兴趣、体现趣味性的体育游戏活动。

1）赋予游戏生动的故事情节、动作特点和形象特征，使幼儿从角色的角度，去观察、理解、学习并掌握动作，以使整个锻炼过程更具趣味性和目的性。

2）在游戏中加入一些色彩艳丽、新颖独特、触感舒适的运动器械或道具，以增添游戏活动的多样性和趣味性，激发幼儿运动的兴趣。

3）将多种运动形式有机地结合在一起，做到既有个人练习，又有结伴练习或集体游戏，让幼儿在反复练习中不觉枯燥乏味，并能体验到团结的力量、合作的快乐，达到全面的锻炼效果。

（3）层次性原则

层次性原则即设计体育游戏活动应根据幼儿的年龄特点和个体发展差异，有针对性地设计不同的动作难度、数量和运动负荷，使游戏适合不同年龄阶段或不同运动能力发展水平幼儿的发展需要。实施层次性原则关键应做到以下两方面。

1）通过学习幼儿生理、心理等方面的基础知识，了解并掌握 3 ~ 6 岁不同年龄阶段幼儿身心发展的规律和特点，并在此基础上确定不同年龄阶段幼儿体育游戏活动的发展和锻炼目的，以及与目的相适应的内容、方法和组织形式。

2）通过组织活动，观察、了解幼儿在动作发展水平、身体素质、运动能力和个性心理等方面存在的差异。

（4）安全性原则

由于幼儿的攀爬、走、跑、跳、投等基本活动能力，以及身体各器官的机能尚在发育完善之中，幼儿身体的位移能力、控制能力、协调性，情绪的稳定性以及和同伴之间协同配合的能力相对较差，因此，在幼儿进行体育游戏活动的过程中，潜藏着不安全的隐患，如着装不当、失去重心摔倒、碰撞、器械脱手、幼儿之间矛盾冲突等。在设计幼儿体育游戏活动时，为避免不安全因素，做到防患于未然，应注意以下几个方面。

1）严密游戏的组织，对场地、队形、往返路线和配合方式等进行合理安排和设计，以免发生碰撞。如果是利用器械完成的集体游戏，如投掷、对抗性动作、双人或多人配合等，应注意动作练习的合理性。

2）充分发挥游戏规则的约束作用，如追拍游戏中，不允许推人、拽人或打人；在投掷或击中游戏中，不允许击打对方的头部等。而对于在游戏活动中违反游戏规则的行为，应制定相应的罚分规定，避免不安全行为发生。

3）教会幼儿按照正确的动作要领和练习方法进行游戏活动，并合理安排游戏的运动负荷，预防运动疲劳和损伤。例如，在幼儿跨越障碍游戏中，应先教会幼儿正确的“蹬、跨”动作方法，在具备跨越障碍动作能力的基础上，再开展游戏竞赛活动，避免因技术和能力不足，发生摔倒、擦碰等伤害。

4）在幼儿游戏活动过程中，应安排适当的运动量与运动强度，避免幼儿因运动量或运动强度过大，出现过度疲劳、体力下降、重心控制不稳等不安全隐患。

2. 幼儿体育游戏活动设计的步骤

（1）确定游戏目的

在设计幼儿体育游戏活动时首先应根据对象、教学要求和教学条件，明确游戏的发展性和教育性目的。例如，走步游戏“小运动员入场”，其目的是让幼儿通过行走练习，提高步伐的节奏感、协调性，培养良好的身体姿态，使幼儿从小了解并热爱奥林匹克运动；又如，幼儿的各种支撑爬行游戏，旨在发展幼儿支撑力量和身体的协调性、空间感及位移能力，培养集体合作意识和协同能力。

（2）设计游戏内容

幼儿体育游戏的内容主要以身体各部位动作以及支撑爬行、奔跑、跳跃、投掷和抛接等练习为主。一个游戏活动，一般设计1～2个基本动作，再辅以其他身体练习。

具体来说，应根据各年龄阶段幼儿基本动作的发展特征来选编和设计游戏内容。例如，2～3岁幼儿的跑步动作发展还不完善，跑起来频率快且无节奏，重心不稳，控制方向的能力较差，易摔倒。但此阶段幼儿喜欢爬行，基本能做双脚跳跃活动。因此该时期可以设计简单的支撑爬行、直线跑、双脚蹦跳等活动内容，避免出现超出幼儿动作能力的内容。4～6岁的幼儿在跑、跳、投等技能方面以及动作的节奏感、身体稳定性和控制方位的能力方面均有了明显提高，该年龄阶段幼儿游戏活动的内容应更丰富，难度和强度相对也应有所提高。

在设计幼儿体育游戏活动时，一般会赋予一个主题和情节，并对各种基本动作内容进行变通，使一些单调乏味的身体动作在有趣的情节导引中变得轻松易练，从而使游戏更具教育性、发展性和趣味性。以发展幼儿的跳跃能力为例，单纯让幼儿反复进行跳跃练习来发展其跑跳能力和身体素质，是一项极其单调而乏味的运动，而选择一些幼儿熟知的、活泼好动的小动物，如“兔子”“青蛙”“小鹿”“袋鼠”等动物的跳跃动作，让幼儿进行模仿练习，则可以在欢快有序的情境中达到良好的锻炼效果。

（3）创编游戏活动方式

幼儿体育游戏活动应根据不同年龄阶段幼儿的运动能力、游戏主题、兴趣爱好以及参加的人数、场地、器材条件等具体情况，设计不同的活动方式。幼儿体育游戏活动常见的活动方式有接力、追拍、传递、投准和比远等。例如，爬行接力赛、奔跑或跳跃接力赛，沙包（小球）投准或掷远，传递篮球等。不同的活动方式具有不同的锻炼目的和运动效果，对幼儿身心能够产生积极影响，具体内容可以参考本章第二节至第五节的游戏设计案例。

（4）制定游戏规则

游戏规则的制约性是游戏活动组织性和教育性的保障。游戏规则对启蒙幼儿的规则意识、培养良好的行为习惯具有重要的教育意义。在幼儿体育游戏活动中，为保证活动的顺利进行，需要对游戏的内容、运动方式、活动范围和形式等作出相应的规定并提出明确的规范和要求，如听到口令后再跑、抢跑要罚分、推拽他人也要罚分等。总之，在要求幼儿按照游戏规则进行活动的同时，对于违反游戏规则的行为也应及时指正，以培养幼儿的秩序感和规则意识。此外，在幼儿体育游戏竞赛活动中，要注意体现公平、公正的准则。

（5）保证必要的游戏条件

开展游戏活动的条件，一方面指身体动作储备，另一方面则指物质条件。幼儿身体动作储备是组织开展游戏活动的基础和前提。例如，幼儿只有掌握了基本的变向爬行动作、单脚跳跃动作或跨越式跳跃动作，方可设计并组织开展爬行、单脚跳跃或跨越障碍等动作类游戏活动。幼儿体育游戏活动的物质条件包括游戏所需的运动器械、垫子、标志物、场地等。尤其是运动器械、标志物，需符合幼儿的年龄特点，以保证游戏活动的实效性和安全性。此外，根据实际需要，游戏条件还包括与游戏活动相关的音乐和知识准备。选择节奏明快、活泼而具有童趣的音乐，配合动作节奏、情境和主题，可以激发幼儿的情绪，营造欢快氛围，提高锻炼效果。

（6）游戏的检验、修改和记录

一个游戏活动设计完成以后，要通过适龄幼儿的教学实践检验，对游戏不足的地方进行修改、补充，使之不断完善，以保证游戏活动的实用性和可操作性。游戏活动修改完善后，为便于保存和交流，可以将活动过程通过摄像方式拍摄下来，或用文字方式将活动的名称、目的、过程和指导建议等及时记录下来。

四、幼儿体育游戏活动的指导

1. 游戏准备部分指导建议

在游戏的准备部分，指导应着重于让幼儿在身体和心理两个方面逐渐进入运动状态。在身体调动方面，主要运用音乐律动（随音乐节奏自由地完成关节屈伸、踏步、小跳步等活动）、拉伸运动以及模仿操等形式，来引导幼儿一起完成热身运动，调动幼儿运动、神经、心肺等系统功能，使幼儿的身体从原来的安静状态逐渐转入较兴奋的运动状态。在心理调动方面，在游戏一开始，教师可以运用语言激励，通过讲解故事情节、进行角色分配、设计活动场景、选择游戏材料等多种辅助性教育手段，调动幼儿参加游戏活动的积极情绪、好奇心和愉悦感，引导幼儿积极主动地进入游戏活动情境中，为游戏活动的开展做好身心准备。

2. 游戏主体部分指导建议

（1）体育游戏活动应由易到难、循序渐进

教师在指导幼儿进行游戏活动时，应根据幼儿的年龄、动作和能力发展水平，采取不同的方式，设计和安排不同难度的游戏内容，并提供有针对性的指导和帮助，由易到难，由简单到复杂，逐步引导幼儿掌握不同难度和水平的动作和游戏方法。以幼儿蹦跳游戏为例，教师在做示范前，可以用生动的语言和模仿各种小动物的蹦跳动作，启发幼儿积极思考、自由模仿，引导幼儿进行富有童趣和创造性的蹦跳练习。在此基础上，再指导幼儿完成单/双脚跳、向前跳、向侧跳、并腿跳和分腿跳等不同方式的跳跃动作。这时如果教师进一步提出："看哪位小朋友还会做不同的跳跃动作？"幼儿带着问题和想象，将会积极地用蹦跳加转体、模仿动物跳等不同方式尝试并拓展蹦跳练习。又如，指导幼儿进行平衡木行走游戏时，教师可以循序渐进地改变平衡木的高度、宽度、长度和坡度，根据不同的难易程度，采取不同的指导方法和练习要求，以满足不同水平幼儿的需求。

（2）在体育游戏活动中帮助幼儿改进运动技能，建立正确的动作概念

在指导幼儿体育游戏活动的过程中，教师应注意用形象规范的动作示范、简练的语

言或比喻提示幼儿按照正确的动作要领和方法完成练习，帮助幼儿改进爬行、跑、跳、投掷和攀爬等基本动作和技能。此外，还应使幼儿懂得一些基本的运动知识和道理，培养其正确的动作概念和意识。例如，跑动时采用屈臂前后自然摆臂、上身稍前倾的姿势，既跑得快，又安全、省力。又如，起跳时要先屈膝再蹬地跳起，同时配合上肢的摆动，才能跳得高、跳得协调自然；落地时要屈膝缓冲，才能保持身体稳定。更重要的是，通过改进幼儿基本动作，可以使幼儿养成一种心理定式，形成良好的动作意识，即做动作时力求合理、协调、高效且安全，这对幼儿自身运动技能的发展具有较深远的影响。

帮助幼儿改进基本动作技能，示范是最有效的方法。首先，教师示范爬行、跑、跳、投掷等基本动作，动作要协调、准确；其次，可以让动作做得好的幼儿做示范，鼓励其他幼儿向其学习；最后，有条件的幼儿园也可以组织幼儿观看优秀运动员的比赛视频，运动员标准而优美的动作、健美的身姿以及顽强拼搏的精神对幼儿具有潜移默化的影响。

（3）合理安排游戏活动的运动负荷

在指导幼儿体育游戏活动过程中，可以从以下四个方面安排适宜的运动负荷。

1）剧烈奔跑的活动时间不宜过长；钻爬、投掷等强度相对较小的运动，则可以采取鱼贯练习法或增加组数和练习次数的方法，减少等待的时间，避免运动量过小；也可以将爬行、投掷练习和奔跑、跳跃等强度较大的运动结合，使游戏的运动量与强度符合有效范围，保证锻炼效果。

2）重视对幼儿游戏过程中的现场观察，观察内容包括呼吸状态、面部表情、出汗情况和动作完成质量等，应根据幼儿的变化随时调整游戏活动的运动量与强度。

3）关注幼儿动作发展、运动能力和体质健康水平等方面的个体差异，观察幼儿游戏活动时的身体状况、情绪表现等，采取适当的指导方法，区别对待，加强个别指导和帮助。

4）注意季节对游戏活动的影响。例如，在寒冷的冬季，运动量与强度可以稍大一些，主要安排具有一定活动量的跑跳、爬越和集体协作游戏；而在炎热的夏季，运动量与强度则相对要小一些。

（4）注意安全，提高幼儿的自我保护能力

在组织幼儿进行游戏活动时，应积极做好以下几个方面的安全工作。

1）加强安全检查，消除游戏活动中的不安全因素。例如，场地要平整、干净，周边无硬物，避免幼儿磕碰、撞伤；游戏用的器械要稳固，手持的轻器械重量、大小和材质应适合幼儿；幼儿的着装要便于运动，尤其要注意穿着合适的运动鞋。

2）坚持量力而行的原则，组织幼儿进行力所能及的游戏活动。重点关注体质或运动能力较差的幼儿，适时给予保护、帮助和鼓励，增强幼儿信心，保证幼儿在游戏活动中的安全性。

3）不失时机地对幼儿进行安全教育和指导，使幼儿获得一些必要的运动安全知识，帮助幼儿建立一定的规则意识，不断提高幼儿自我保护的能力。

4）培养幼儿运动时的专注力和正确用力，避免运动伤害。对于幼儿在运动中常出现的肌肉酸痛、疲劳、胆小退缩等身心现象，教师应及时给予帮助和鼓励，帮助幼儿建立克服困难的勇气，而不应用限制幼儿活动的消极办法来代替必要的坚持和安全防范。

5）在游戏活动中注重培养幼儿的文明行为。幼儿体育游戏活动具有集体合作性和竞争性，在活动中应有目的地培养幼儿良好的行为和礼仪。例如，认真遵守游戏规则，胜不骄、败不馁；对同伴在游戏中出现失误不抱怨；有同伴摔倒了，主动去帮扶；在游戏活动中积极为同伴鼓掌、加油等。

3. 游戏结束部分指导建议

如果游戏活动的运动量较大，在游戏结束后，应有针对性地进行放松练习，让幼儿由兴奋状态逐渐恢复到相对安静状态。常用的放松方式有以下几种。

（1）做深呼吸练习。该练习主要针对强度较大的奔跑类和跳跃类游戏，游戏结束时可以在原地或行进中完成练习。

（2）做缓慢拉伸练习。该练习主要针对承受负荷量大的身体部位，如投掷游戏结束后应重点拉伸并放松上肢和肩部，而跑跳活动游戏结束后则应重点拉伸下肢，尤其是小腿肌群。

（3）揉捏或拍击小腿、大腿、臀部、上臂等身体主要部位的粗大肌群。

（4）通过轻松有趣的模仿练习，放松身心。

第二节　幼儿爬行游戏

一、幼儿爬行动作发展特点

爬行是发展幼儿身体运动技能、锻炼体格、增强体质的良好手段。在幼儿体育教学实践活动中，采取游戏的方式，引导幼儿完成各种不同形式的支撑爬行运动，不仅锻炼效果好，而且深受幼儿喜爱。尤其对于低龄幼儿，在他们的神经系统、运动系统和平衡器官发育尚不完善，还不能稳定地站立、行走的发育初期，爬行是其探究世界、接近目标的唯一移动方式。因此，幼儿爬行的能力相对较强，对爬行的兴趣性和坚持性也较高。

幼儿爬行的方法多种多样，主要有手膝着地跪撑爬行、手脚着地俯撑爬行（即猴子式爬行）、肘膝着地爬行、匍匐式爬行、屈膝仰撑四肢爬行等。不同年龄阶段幼儿爬行的动作发展特点详见表 2–2–1。幼儿爬行的形式也较为丰富，如向前 / 向后沿直线、折线或曲线爬行，向侧横向爬行，转圈式爬行，负重爬行，两人或多人配合爬行等。此外，还可以做向上或向下垂直或斜线移动的攀爬运动。

通过丰富多样的爬行游戏活动，幼儿的四肢、躯干和颈部的粗大肌群得到了锻炼，从而使幼儿的力量、速度、柔韧、耐力、灵敏等身体素质和协调性、平衡能力、空间感知能力获得发展。满足幼儿喜欢爬行的天性，有利于培养幼儿运动的兴趣及吃苦耐劳的优良品质。

表 2–2–1　不同年龄阶段幼儿爬行动作发展特点

年龄阶段	爬行动作发展特点
3 ~ 4 岁	1. 能较灵活、协调地完成手膝着地跪撑爬行，但力量弱，坚持性较差 2. 基本能完成匍匐式爬行，但爬行速度较慢
4 ~ 5 岁	1. 手脚着地爬行动作协调，速度较快，坚持性较好 2. 匍匐式爬行较协调、快速，猴子式爬行和爬越不灵活
5 ~ 6 岁	1. 正确、协调、灵活地完成各种爬行动作，并能根据具体情况灵活运用，如变向爬行、爬高移动等 2. 爬行的速度、坚持的能力有较大发展

二、幼儿爬行动作发展目标

1. 小班目标

（1）能熟练掌握手膝、手脚着地爬行等基本动作，有一定的速度，能较好地控制方向。

（2）锻炼四肢和躯干肌群，发展力量、速度、灵敏等身体素质，提高方位和空间知觉。

（3）体验爬行乐趣，培养爬行运动的兴趣，发展移动和模仿能力。

2. 中班目标

（1）完善手膝、手脚爬行动作，学习爬越障碍等难度较大的爬行方法，并能灵活地调节移动速度和方向。

（2）进一步发展力量、灵敏、速度和耐力等身体素质，提高空间知觉。

（3）增强对爬行运动的兴趣，发展移动和模仿能力。

3. 大班目标

（1）能协调自如地完成多种爬行动作和爬行方式，爬行速度、爬行时间和爬越障碍的能力明显提高。

（2）身体的力量、灵敏、速度和耐力等身体素质明显增强，时间、空间知觉有效发展。

（3）增强爬行运动的兴趣，培养竞争、合作、交往的能力和克服困难的勇气。

三、幼儿爬行游戏案例

案例一

游戏名称

蚂蚁搬家（小班、中班）

游戏目标

1. 增强上肢力量，提高身体协调性与控制能力。

2. 锻炼意志品质。

游戏准备

1. 动作准备：学习并掌握手膝着地跪撑爬行动作。

2. 条件准备：小蚂蚁头饰、垫子多块。垫子摆放成平行的两条10～15米的爬行“直道”（见图2-2-1）或“折道”（见图2-2-2）。

游戏过程

幼儿自由选择不同颜色的小蚂蚁头饰，根据头饰的颜色，将幼儿分成人数相等的两队，两队幼儿各站成一路纵队。第一个“小蚂蚁”在垫上呈跪撑姿势，等待指令。听到教师发出“开始”口令后，排头的“小蚂蚁”手脚着地快速向前爬行，爬到垫子尽头，跑回到起点，拍一下第二个“小蚂蚁”的腿，第二个“小蚂蚁”开始向前爬行，依次游戏，最先返回起点的队为胜方。如想增加运动量，也可以采取鱼贯式爬行游戏方式，即前一个“小蚂蚁”爬到中间时，后面的开始爬行，依次游戏，每人爬行 1 ~ 3 次，最后一个“小蚂蚁”最先返回起点的队为胜方。

图 2-2-1　爬行“直道”

图 2-2-2　爬行“折道”

动作要领

跪地前先经过蹲、撑，再调整为跪撑姿势（避免由站立直接至膝盖着地的跪立姿势，以免伤及膝关节）。跪撑爬行时身体重心前移，收腹紧腰，四肢向前协调用力。

游戏建议

1. 在游戏前引导幼儿按照正确的爬行要领进行爬行练习，基本掌握爬行动作后再进行爬行游戏。

2. 在游戏过程中，应引导幼儿为同伴加油鼓劲。对于爬行过程中出现怕累、怕脏或怕输等心理现象的幼儿，及时给予鼓励和引导，培养幼儿不怕苦累、勇于克服困难的精神。

3. 中、大班幼儿可以加大爬行游戏的难度。例如，逐渐加长爬行的距离；将垫子摆成“弓”字形，幼儿沿折线变向爬行；针对大班幼儿，可以组织向后爬行游戏等。

4. 在音乐伴奏下进行爬行游戏活动，以增添游戏的趣味性。

案例 二

游戏名称

蝎子寻食（中、大班）

游戏目标

1. 增强上肢和腰腹力量，发展四肢协调能力。

2. 锻炼意志品质，增添运动乐趣。

游戏准备

1. 动作准备：熟练掌握屈膝仰撑四肢爬行动作的要领和方法。

2. 条件准备：在平坦干净的地上设定一半径为2米的圆，根据幼儿数量，在圆的中央放上10个左右的“面包”（可用沙包代替，数量应少于幼儿数量）。在距离圆周3～5米的位置等距离摆放红、蓝颜色的标志物（总数与幼儿数量相等）。

游戏过程

将幼儿分成人数相等的两队，即红队和蓝队。红、蓝两队幼儿分别站在起点各自颜色的标志物位置。听到“预备”口令时，全体幼儿面向圆心呈手脚仰卧支撑姿势。待全体幼儿都做好预备姿势后，教师发出“出发”口令，全体幼儿同时向圆心快速爬动，爬到圆心拿一个“面包”放到腹部（见图2-2-3），然后返回到起点。抢到“面包”数量多的队为胜方。

图2-2-3 蝎子寻食

动作要领

呈屈膝仰撑姿势时，颈梗直、顶肩、收腹、顶髋、抬臀，目视移动方向。移动时，注意两手五指张开用力，异侧手、脚同时发力向前或向后移动。

游戏建议

1. 先指导幼儿掌握正确的屈膝仰撑爬行动作，并进行腹部放置沙包的爬行练习，然后再进行游戏活动。

2. 游戏前应充分做好相关准备活动，如指掌关节运动、背向支撑练习等，结束时应做手臂等部位的放松练习。

3. 游戏活动可以灵活变通，随着幼儿爬行能力的提高，可以逐渐增加游戏活动的运动负荷与难度。

案例三

游戏名称

勇敢穿越（小、中、大班）

游戏目标

1. 提高身体素质和动作的协调性、灵敏性。
2. 培养幼儿不畏困难、大胆心细的优良品质。

游戏准备

1. 动作准备：熟练掌握跪撑爬行和钻圈、钻轮胎的动作方法。
2. 条件准备：轮胎、塑料圈或拱形门。

游戏过程

教师将准备的钻爬教具分别摆放在平坦干净的场地内，幼儿可以自由选择。

将幼儿分成人数相等的两队，两队分别站成横排。每队再分为两组，一组幼儿在体前手扶塑料圈或轮胎（两个教具之间间隔 1 ~ 2 米，塑料圈圈口或轮胎口侧向摆放），另一组幼儿列队准备爬行穿越。听到教师发出“开始”口令后，两队幼儿依次从塑料圈或轮胎中爬过，再依次替换扶塑料圈或轮胎的同伴，另一组同伴依次爬行穿过塑料圈或轮胎（见图 2-2-4）。最后一个幼儿最先返回到原位置的队为胜方。

图 2-2-4　勇敢穿越

动作要领

爬行穿越时要低头、弯腰，上、下肢协调配合，快速交替前移，控制身体平衡。

游戏建议

1. 根据幼儿年龄特点进行活动设置。在活动中关注个体差异，重点关注能力较差的幼儿，并适时给予帮助和指导。

2. 提示幼儿爬行动作的要领，并及时给予鼓励，让幼儿体会成功感。

案例 四

游戏名称

龟兔赛跑（中、大班）

游戏目标

1. 掌握手脚着地俯撑爬行和双脚跳跃的动作要领，提高动作协调性、灵敏性。

2. 培养幼儿运动兴趣，提高模仿和观察能力。

游戏准备

1. 动作准备：学习并掌握俯撑爬行动作和双脚向前连续跳跃动作。

2. 条件准备：兔子头饰、乌龟头饰、拱形门、纸棍若干。

游戏过程

将幼儿分成人数相等的两队，一队佩戴乌龟头饰，另一对佩戴兔子头饰。两队幼儿各成一路纵队，分别站在场地两端的起跑线后。听到教师发出“开始”口令后，两队站在第一名的“兔子”双脚向前跳过纸棍路，同时“乌龟”手脚着地爬过拱形门。“兔子”和“乌龟”过终点线后，跑回起点拍击第二名幼儿的手臂后，第二名幼儿出发。游戏依此进行，最后一名幼儿最先返回原位置的队为胜方（见图 2-2-5）。

图 2-2-5　龟兔赛跑

动作要领

跪地俯撑爬行动作应收腹紧腰，四肢协调用力；双脚跳跃动作应先屈膝、再蹬地跳起，并配合手臂的摆动动作，双脚跳过障碍。

游戏建议

1.“乌龟”和“兔子”都要按照指定的动作进行活动。大班可以适当增加爬行和跳跃的距离。

2. 游戏后，教师与幼儿共同讨论手脚着地俯撑爬行和双脚向前跳跃的动作特点，多次练习单个动作并及时给予幼儿表扬鼓励。

3. 游戏的目的除使幼儿的身体得到锻炼外，还包括让幼儿了解《龟兔赛跑》故事的寓意。在游戏中幼儿可以交换角色，以体验不同的游戏形式。

4. 在音乐伴奏下进行爬行和跳跃活动，以增添游戏的趣味性。

案例五

游戏名称

齐心协力爬梯子（中、大班）

游戏目标

1. 完善手脚着地俯撑爬行技能，能灵活地调节速度和方向。

2. 培养幼儿勇敢、团结协作的精神。

游戏准备

1. 动作准备：了解梯子横木距离，练习并熟练掌握在梯子上的爬行动作。

2. 条件准备：在平坦干净的地上画一条起跑线，在起跑线前 5 米处并排纵向放置两架长梯子，在梯子前 5 米处插两面小红旗（或放置其他标志物）。

游戏过程

将幼儿分成人数相等的两队，各成一路纵队面对梯子站立。听到教师发出“开始”口令后，各队第一个人迅速跑向长梯子，手脚着地爬过梯子后，跑向小旗（或标志物），绕过旗子后，再从长梯子上以手脚着地的爬行动作返回（见图 2-2-6）。返回本队拍击第二个幼儿的手后，第二个幼儿出发。游戏依此进行，以先完成的队为胜方。

图 2-2-6　齐心协力爬梯子

动作要领

爬行时先蹲撑准备，稍抬头目视横木，然后手、脚依次前行移动，注意手要用力抓紧横木。

游戏建议

1. 及时鼓励、肯定每一位参加活动的幼儿，使其体会成功感。

2. 根据幼儿年龄特点及运动特点调整运动的速度和强度。

3. 在活动中提示幼儿注意安全。

案例六

游戏名称

小坦克开起来（小、中、大班）

游戏目标

1. 增强身体控制能力和四肢协调性。

2. 丰富爬行体验，提高运动兴趣，培养合作意识。

游戏准备

1. 动作准备：掌握跪撑爬行动作以及两人配合爬行的技巧。

2. 条件准备：硬纸箱制成的“坦克”两辆。在平坦干净的地上画一条起跑线，在距离起跑线前方 5 ~ 10 米处并排放置两个标志物。

游戏过程

将幼儿分成人数相等的两队，各成一路纵队面对起点线站立。游戏开始，教师发出

“开始”口令后，各队排头的幼儿迅速进入“坦克”，呈跪撑姿势，头顶住“坦克”前上方的内壁，四肢协调用力向前爬行，努力使“坦克”向前滚动，并绕过标志物，再将“坦克”开回到起点（见图 2-2-7），然后第二个幼儿出发。游戏依此进行，以最后一个幼儿先回到起点的队为胜方。

图 2-2-7　小坦克开起来

动作要领

幼儿的头顶住“坦克”前上方的内壁，控制爬行方向。手、脚协调用力向前爬行。如果是两人爬行，则注意两人动作应协调一致。

游戏建议

1. 根据幼儿年龄设置适当的难度和距离，如小班个人爬行、中班双人爬行、大班可以加长爬行距离，并且在活动中关注个体差异。

2. 重点提示爬行要领和配合技巧，调整爬行的方向和路线。

案例七

游戏名称

火车钻山洞（中、大班）

游戏目标

1. 掌握肘膝着地爬行动作，增强四肢力量和灵敏性。

2. 激发运动兴趣，提高意志力。

游戏准备

1. 动作准备：熟练掌握肘膝着地爬行动作要领。

2. 条件准备：平坦干净的地面以及垫子若干。

游戏过程

将幼儿分为人数相等的两队，两队各站成一路纵队。一队幼儿呈体操队形散开后，上身前屈，双手撑地，搭成火车“山洞”；另一队幼儿用手膝着地爬行的方式，鱼贯式地爬过“山洞”（见图 2-2-8）。钻完后两队交换。

图 2-2-8　火车钻山洞

动作要领

屈臂降低身体重心，用手肘和膝着地，腹肌收紧，四肢协调用力，沿直线向前爬行。

游戏建议

1. 幼儿在钻“山洞”的过程中，要保持一定的速度和相互距离。

2. 在活动中可以通过变化“搭山洞”的方法，如变化幼儿之间的距离或“山洞”的高度等来调整爬行难度和强度。

3. 关注能力较差的幼儿，给予适当的鼓励和帮助。

案例八

游戏名称

推小车（大班）

游戏目标

1. 增强上肢和躯干力量，发展身体控制能力。

2. 培养配合意识、协作能力。

游戏准备

1. 动作准备：练习并掌握双人配合“推小车”的动作要领和方法。

2. 条件准备：在地上画两条相距 10 米左右的平行线。

游戏过程

将幼儿分成人数相等的两队，各成一路纵队面对起点线站立。每队两人一组在起跑线前做好“推小车”动作（一人两腿分开呈俯卧支撑姿势，另一人站于同伴两腿之间，双手握住同伴的踝关节，将其双腿抬起）。游戏开始，教师发出“开始”口令后，各队第一组开始向前行进，爬行到终点线，两人交换位置，再以“推小车”动作推回到起点（见图 2–2–9）。接着，第二组出发。游戏依此进行，以先回到起点的队为胜方。

图 2–2–9　推小车

动作要领

支撑爬行动作要双臂伸直，五指张开撑地，顶肩、腰腹用力，躯干控制平稳，防止塌腰或躯干左右摆动。“推小车”的幼儿注意双手握住同伴踝关节，随着同伴向前的动力前行，防止主动前推或拉拽同伴等错误动作。

游戏建议

1. 根据幼儿的爬行能力调整爬行距离，并且在活动中对运动能力较差的幼儿给予适当的鼓励和帮助。

2. 适时提示幼儿爬行的要领和配合技巧。

第三节　幼儿走跑游戏

一、幼儿走跑动作发展特点

走步和跑步是人体最基本、自然的位移方式，也是幼儿锻炼身体的基本手段。以游戏的形式促进幼儿走步和跑步动作与运动能力的发展，可以使单调乏味的走步与跑步运动变得有趣而有意义。

幼儿走步方法一般有齐步走、踏步走、提踵走和半蹲走（矮人走）等，跑步方法一般有自然跑步、提踵跑、半蹲跑等。不同年龄阶段幼儿走步和跑步的动作发展特点详见表2–3–1。

表2–3–1　不同年龄阶段幼儿走步和跑步动作发展特点

年龄阶段	走步动作发展特点	跑步动作发展特点
3～4岁	1. 能较平稳、熟练地走步，并能初步控制行进的方向 2. 步幅小、不稳定，上、下肢配合较不协调，腰部转动不够灵活 3. 走步时爱东张西望，注意力易分散，节奏性差	1. 步幅小且不均匀，方向控制能力差 2. 直线跑和变向跑能力很弱，无跑速调节意识，身体稳定性较差
4～5岁	1. 能平稳、熟练地走步，能较好控制行进的方向，掌握多种走步技能 2. 步幅较稳定，上、下肢配合协调，个人走步特点已基本形成 3. 列队行进时能保持队形，基本能随节拍走，注意力仍易分散	1. 跑步能力发展迅速，步幅增大，方向控制能力和耐力增强 2. 跑速加快，跑动的稳定性明显提高
5～6岁	1. 走步自然、协调，能较好地调节步幅和节奏 2. 列队行进时能较好地保持队形，注意力集中 3. 能独立完成新的行走动作	1. 跑步动作协调，速度意识和竞赛意识较强 2. 跑动中能有意识地克服疲劳和其他困难，表现出较强的意志力

幼儿走步和跑步的方式非常丰富，包括向前/向后走或跑、向左/向右交叉步走、变速走或跑、沿直线/曲线走或跑、沿方形或圆形等几何图形走或跑等，也可以在前述

行走过程中，配合上肢动作或结合转体行走或跑动，还可以模仿小动物走或跑、负重（持物）走和在低平衡木上走或跑。

形式多样、丰富有趣的走跑游戏活动，不仅能有效增强幼儿下肢肌肉的力量，发展速度、灵敏、耐力等身体素质，提高运动能力，而且能引导幼儿在愉快的氛围中享受运动乐趣，促进身心和谐发展。

二、幼儿走跑动作发展目标

1. 小班目标

（1）走步

1）改进走步动作，做到轻松自然。

2）能在指定范围内四散走，互不碰撞。

3）养成一个跟一个行走的习惯，不掉队。

4）学会几种简单的模仿性行走方法，培养观察力和模仿力，提高走步动作能力。

5）发展方位知觉和速度知觉，提高注意力，行走时不东张西望。

（2）跑步

1）发展幼儿跑动能力，幼儿能迈开步子跑，跑得平稳，双臂能前后自然摆动。

2）能听口令向指定方向跑，能沿着规定的路线跑动，初步具有规则意识。

3）能听口令在指定范围内四散跑，并能主动躲闪别人。

4）能在成人的引导下调节跑速，并能在成人的鼓励下坚持跑到目标。

5）满足幼儿跑步的需要，使幼儿能体验到跑步的乐趣，有提高跑速的愿望。

2. 中班目标

（1）走步

1）改进自然走步动作，做到步幅放开、均匀，不出现脚擦地、八字脚、踮脚等动作，摆臂自然协调，姿势端正。

2）能听口令有节奏地行走和变速走。

3）掌握多种走步方法，能独立想出新的模仿性走步方法。

4）能较好地排队行走并保持队形，有一定的调节动作节奏的能力。

5）进一步发展方位知觉、注意力、想象力和模仿力，能注意遵守规则和纪律。

（2）跑步

1）发展跑的动作，能迈开步跑，落地较轻，会屈臂前后摆动，不出现后甩小腿、八字脚等错误动作。

2）懂得快跑后不能马上停下来，掌握用鼻子吸气、用口呼气的正确呼吸方法，了解步幅大才能跑得快、前后摆臂才能保持平衡并省力等基础知识。

3）能在一定范围内四散追逐跑和较好地调节跑速，能进行接力跑。

4）有较强的提高跑速的愿望，能自觉地坚持跑到目标。

5）发展跑步活动的兴趣，较好地培养幼儿竞争、合作、交往的意识和能力。

3. 大班目标

（1）走步

1）改进自然走步动作，做到步幅大而均匀、落地轻，摆臂自然协调，节奏稳定，姿态端正、有精神。

2）能听口令变换方向和速度行走。

3）掌握多种走步方法。

4）排队走步时，能较好地保持队形，节奏一致。

5）方位知觉、注意力、想象力和观察力得到有效发展，自觉遵守规则、纪律的良好行为习惯基本养成。

（2）跑步

1）发展跑步动作，蹬地有力，有腾空姿态，落地较轻，摆臂正确自然。

2）懂得步幅大、步频快才能跑得快，了解屈臂摆动能有效地调节跑速。

3）有强烈的提高跑速的愿望，爱比赛，能主动克服困难、坚持达成目标。

4）发展跑步运动的兴趣，提高运动能力、竞赛能力以及协同配合能力，具有良好的规则意识。

三、幼儿走跑游戏案例

案例一

游戏名称

小运动员入场（小、中班）

游戏目标

1. 练习行走，提高步伐的节奏感、协调性，培养良好的身体姿态。

2. 使幼儿从小了解并热爱奥林匹克运动，激发爱国热情。

游戏准备

1. 动作准备：在口令或音乐节奏下进行队列练习，掌握集体行走的方法。

2. 条件准备：在活动场地上画一个大圆圈，在圆圈中画几列“■”。

3. 音乐准备：选择适合幼儿步频的进行曲。

游戏过程

教师扮演奥运会入场仪式的主持人。游戏开始前，教师先将幼儿分为人数相等的 2 ~ 3 个队，每队代表一个国家，分别成纵队站在标有“■”的位置。随着入场音乐响起，教师开始报出每支国家队的入场指令，幼儿听到指令后，随着音乐的节奏，依次列队向前行走（见图 2-3-1），然后沿逆时针方向绕圆行走一圈回到“■”位置，呈立正姿势。入场仪式完毕，教师宣布“运动员退场”，全体幼儿解散，游戏结束。

图 2-3-1　小运动员入场

动作要领

幼儿齐步走时立腰、挺胸、抬头，眼看前方，膝关节带动大腿抬起、踏步，摆臂有力，步伐与音乐节奏合拍。同伴之间保持适当的间隔和距离。

游戏建议

1. 组织幼儿观看运动会入场仪式视频，培养仪式感。幼儿在行走的过程中，可以加上“运动员向观众挥手致意”的动作，以丰富行走动作的内容。

2. 在行走过程中，要求幼儿步伐有力，身体舒展挺拔，精神饱满，按照音乐节奏和指定路线行进。

3. 结合游戏的形式，向幼儿介绍一些关于奥运会开幕式的基本知识。

案例二

游戏名称

小动物找家（小、中、大班）

游戏目标

1. 练习提踵走、半蹲走能力，发展下肢的力量和灵活性，提高判断能力。

2. 巩固幼儿对数字的记忆和了解。

游戏准备

1. 动作准备：熟练掌握提踵走和半蹲走基本动作，能够按照一定的节奏行走。

2. 条件准备：在活动场地上画一个大圆圈，在圆圈中放置 4 个标有数字的塑料圆桶。幼儿穿着标有数字的背心，每人代表一个数字。

3. 音乐准备：选择幼儿熟悉的《小鸟飞》《小矮人》等音乐或其他类似音乐。

游戏过程

让幼儿随着音乐在大圈上提踵走或半蹲走，教师根据幼儿行走的时间和运动负荷量，在幼儿行走的过程中突然停止音乐，让幼儿迅速走到与自己所穿背心数字相同的圆桶旁（见图 2–3–2）。例如，幼儿所穿背心的数字是 4，就迅速走到 4 号圆桶旁。玩过一遍后，幼儿交换背心，继续游戏。

图 2–3–2　小动物找家

动作要领

提踵走时收腹、夹紧臀部，双脚足尖同时用力；半蹲走时注意摆臂协调，身体保持平衡。

游戏建议

1. 教师可以根据活动情况调整活动难度。

2. 在活动中，幼儿应根据音乐的节奏调节行走的速度。

案例三

游戏名称

找队旗（中、大班）

游戏目标

1. 培养奔跑和反应能力，提高身体灵活性及控制力。

2. 发展视觉感受性。

游戏准备

1. 动作准备：掌握听声转身向前跑的技巧。

2. 条件准备：红、黄、蓝、绿色的小旗各一面。在地上画一条起跑线，在起跑线前方 10 ~ 15 米处并排放置或画 4 个圆圈。

游戏过程

先将幼儿分成人数相等的 4 队，各队面对圆圈成纵队站在起跑线后。各队选一名旗手站在对面的圆圈内，手举队旗。游戏开始，当听到第一声口令后，全体幼儿向后转（背向圆圈），这时各队旗手交换位置。当听到第二声口令后，各队幼儿迅速转身寻找自己的队旗，并跑至队旗前，围绕队旗手拉手站成圆圈（见图 2-3-3）。以先找到队旗并站好圆圈的组为胜方。

图 2-3-3　找队旗

动作要领

先转身、再跑动，身体控制稳定。跑动时上身稍前倾，向前提膝、抬腿，眼观旗手位置，同时稍减缓跑速，避免在活动过程中相互碰撞。

游戏建议

1. 当听到第二声口令后，幼儿才能转身起跑。

2. 各队的旗手应在教师的指挥下交换位置，也可以只交换队旗而不换旗手的位置。

3. 提示幼儿听声转身的动作要领，找队旗时注意观察和躲闪，避免碰撞和摔跤。

案例四

游戏名称

该往哪儿跑（中、大班）

游戏目标

1. 发展幼儿动作的灵敏性和快速奔跑能力，培养竞争意识。

2. 提高幼儿辨别前、后、左、右的能力，发展方位知觉。

游戏准备

1. 动作准备：掌握向前、向后和向左、向右变向跑的方法。

2. 条件准备：在地上画一条中线，在中线两侧 10 米处，分别画两条与中线平行的端线。

游戏过程

幼儿成一列横队站在中线上，面向同一条端线做好准备。当教师发出“向前”或“向后”的口令后，全体幼儿迅速起动“向前”或“向后”跑出端线外；然后幼儿侧对端线，当教师发出“向左”或“向右”的口令后，全体幼儿迅速起动“向左”或“向右”跑出端线外（见图 2-3-4）。

动作要领

幼儿在转换方向时，稍屈膝停顿，身体重心移至欲转体方向的腿上，变换方向跑动。跑动时身体稍前倾，两臂屈肘前后摆动。

图 2-3-4 该往哪儿跑

游戏建议

1. 提示幼儿听到口令后方可起跑。也可以用“蹲走”替换跑动，提高练习效果。

2. 幼儿之间应保持一定间隔，以免跑动时碰撞或摔倒。

3. 游戏开始时，教师发出口令的同时可以配合手势，以帮助幼儿辨别方向。

案例五

游戏名称

追捕小鱼（中、大班）

游戏目标

1. 发展幼儿的躲闪和反应能力，提高身体灵活性和控制力。

2. 培养幼儿的合作意识和协同能力。

游戏准备

1. 动作准备：掌握手拉手跑动的方法。

2. 条件准备：选择 2 ~ 3 个幼儿手拉手结“网”，其余幼儿为“小鱼”。

游戏过程

教师发出“开始”口令后，由结“网”的幼儿手拉手去围捕“小鱼”。当扮演“小鱼”的幼儿被“网”围住时，便停止跑动，参加进结“网”行列，手拉手地去围捕其他“小鱼”（见图 2-3-5）。当场地内的“小鱼”被全部捕获完后，游戏结束。

图 2-3-5　追捕小鱼

动作要领

幼儿的手拉紧成“网”，游戏时每个幼儿应全力以赴跑动起来。体力好、跑得快的幼儿应照顾到体力弱、跑得慢的同伴，在跑速、变向等方面协调一致，配合默契。

游戏建议

1. 应选择跑得快、耐力较好的幼儿结“网”，结“网”幼儿的手松开即算网破，“小鱼”则可自由出入。

2. 按照规则进行游戏活动，如扮演“小鱼”的幼儿不能跑出场外，否则就被判定为被“网”围住等。此外，教师应控制好幼儿的跑动时间和运动强度。

案例 六

游戏名称

抓住小尾巴（中、大班）

游戏目标

1. 初步具备追逐跑能力和躲闪能力，提高动作的灵敏性和协调性。

2. 激发幼儿积极参加体育活动的兴趣。

游戏准备

1. 动作准备：掌握转身、后退、侧滑步等躲闪动作要领以及追逐并抓对方尾巴的动作要领。

2. 条件准备：“尾巴”道具若干。

游戏过程

将幼儿分为两队，场地内画出距离约 20 米的起跑线和终点线。两队幼儿猜拳决定哪队跑、哪队追。游戏开始，跑方幼儿要保护好自己的“尾巴”，不让追方抓到（见图 2-3-6）。在终点线前追方抓到跑方的“尾巴”则为胜，跑过终点线后停止追逐。

图 2-3-6　抓住小尾巴

动作要领

转身、后退跑或侧滑步移动时稍降低重心，躯干稍前倾，适当控制移动的速度，灵活躲闪，尽可能沿直线向终点线移动。

游戏建议

1. 幼儿听到游戏开始的口令后才可以追，教师要提示安全问题。

2. 在跑动时可以转身护住“尾巴”，再找准时机继续跑。不仅可以向前跑，还可以后退跑或侧滑步向终点线移动。

3. 游戏玩熟练后可以进行升级，如加长起点线和终点线之间的距离，或将“尾巴”套在脚上，改编为踩尾巴游戏。

案例 七

游戏名称

贴小动物（中、大班）

游戏目标

1. 发展奔跑、躲闪能力和身体的灵活性。

2. 培养幼儿的目测力和判断力。

游戏准备

1. 动作准备：练习躲闪和贴小动物动作，掌握动作要领。

2. 条件准备：后背贴有粘胶的背心 5 件，与背心配套的动物卡片若干。

游戏过程

选 5 个幼儿穿上背心，其他幼儿每人手拿 5 ~ 8 张动物卡片。穿背心的幼儿听到口令后，分散跑动起来。手持动物卡片的幼儿开始寻找目标，想办法接近目标，找准时机、看准穿背心幼儿的粘胶后迅速把卡片贴上去（见图 2-3-7）。如果没贴好，可以再次粘贴。游戏持续 5 ~ 8 分钟，在规定时间内将手里的卡片贴完为止。最后穿背心幼儿身上的卡片少者为胜方。调换幼儿角色，游戏重新开始。

图 2-3-7　贴小动物

动作要领

穿背心的幼儿躲闪或移动时，降低身体重心，躯干稍前倾，两臂随身体躲闪抬起，保持身体平稳，同时抬头观察、判断，及时躲闪。

游戏建议

1. 根据场地大小适当控制游戏的人数，避免幼儿发生碰撞或因场地空间狭小而影响运动量。

2. 游戏前提示幼儿遵守游戏规则，注意躲闪的动作要领，如贴卡片时，不能用手拉拽或抱住穿背心的幼儿等。

案例八

游戏名称

火车钻山洞（中、大班）

游戏目标

1. 发展幼儿跑和钻的能力，提高身体控制力。

2. 培养幼儿团队协作意识。

游戏准备

1. 动作准备：练习手拉手动作，掌握跑与钻的动作要领。

2. 条件准备：干净平坦的场地一块。

游戏过程

幼儿在场地上成人数相等的两列横队相对站立。第二队幼儿相互拉手，呈侧平举（或举过肩）一列横排开立，代表“山洞”。游戏开始，全体幼儿齐声说歌谣：

小山洞，低又窄，
我们钻去又钻来。
穿过洞，到洞外，
低头弯腰钻得快。

第一队幼儿依次从第二队幼儿手下穿过，站到队尾，然后依次拉起手，呈侧平举（或举过肩）一列横排开立，再由第二队幼儿开始“钻洞”（见图2-3-8）。游戏依此进行，以完成“钻洞”时间短的队为胜方。

图2-3-8　钻山洞

动作要领

站立的幼儿身体立直，双臂抬高，尽量扩大“洞口”。钻洞的幼儿降低身体重心，灵活变向并钻过“山洞”。

游戏建议

1. 要求幼儿边反复说歌谣边“钻山洞”。“钻山洞”时，尽量不要碰到其他幼儿。

2. 如果参加游戏的幼儿较多，可以分组进行比赛。

案例九

游戏名称

旋风跑（大班）

游戏目标

1. 发展幼儿快速跑动与变向跑的能力，提高身体有氧耐力和控制力。

2. 培养幼儿合作意识和协作精神。

游戏准备

1. 动作准备：学习并掌握三人一组的持棒“S”形绕杆跑练习。

2. 条件准备：一米长的木棒2根，标志杆若干。在地上画一条起跑线，每间隔10米放置两个标志杆（两个标志杆之间宽距5米左右），共放置2 ~ 3组标志杆。

游戏过程

幼儿分成人数相等的两队，各成一路纵队面对起点线站立。每队3 ~ 4人为一组，每组队员均用双手于腹前持棒，在起跑线前横排站立。游戏开始，教师发出“开始”口令后，各队的第一组手持木棒快速向标志杆奔跑，以逆时针的方向绕过标志杆后继续向下一个标志杆奔跑（见图2–3–9），以顺时针的方向绕过第二个标志杆后继续向下一个标志杆奔跑或返回起跑线，接着第二组幼儿持棒向标志杆奔跑，依次进行，以先回到起点的队为胜方。

动作要领

幼儿绕杆跑时，最内侧幼儿放慢速度并用力向标志杆方向拉拽木棒，外侧幼儿速度稍快，并抓紧木棒，避免双手脱棒。

图 2-3-9　旋风跑

游戏建议

1. 游戏初期，幼儿可以两人为一组握棒，放慢速度以逆时针、顺时针的顺序练习绕杆跑动作。

2. 随着幼儿运动能力的提高，可以通过增加人数或改变标志杆的距离等来提高游戏难度。

第四节　幼儿跳跃游戏

一、幼儿跳跃动作发展特点

跳跃是通过下肢用力、脚蹬地使身体腾起后再落地的一种非周期性动作，它包括预备、蹬地、腾空和落地四个连续的环节。以游戏的形式引导幼儿进行跳跃练习，可以促进幼儿跳跃动作与移动能力的发展，并使跳跃练习丰富而有趣味。幼儿跳跃练习的方法主要有双脚跳、单脚跳、踏跳、跑跳和小跨跳等。不同年龄阶段幼儿跳跃动作发展特点详见表 2-4-1。

表 2-4-1　不同年龄阶段幼儿跳跃动作发展特点

年龄阶段	跳跃动作发展特点
3 ~ 4 岁	基本能双脚跳，蹬伸速度慢、力量弱，落地时无“屈膝缓冲”动作意识，手臂配合不协调，平衡能力差

续表

年龄阶段	跳跃动作发展特点
4～5 岁	1. 跳跃能力发展很快，跳跃的远度、高度、连续性和持续性明显提高 2. 跳跃时心理素质积极发展
5～6 岁	1. 能熟练掌握立定跳远，双脚向上跳、向下跳，单脚连续跳，助跑跨跳等较难的跳跃动作 2. 跳跃时有“用力蹬地、缓冲落地、协调摆臂”等动作意识

跳跃练习的形式多种多样，幼儿在掌握基本的单、双脚小跳动作的基础上，可以拓展各种不同形式的跳跃练习，如双脚跳有原地蹦跳、蹦跳同时转动、开合跳、弓步跳、向前 / 向后 / 向左 / 向右移动跳、蹲跳、跳上 / 跳下台阶、跳过障碍、负重跳等形式；单脚跳有原地跳、小跳同时转动、向前 / 向后 / 向左 / 向右移动跳、跳过障碍等形式。此外，根据幼儿喜好模仿的特点，跳跃练习还包括一些形象生动的模仿小动物的跳跃练习，如“小马跳”“小兔跳”“小猫跳”“小鹿跳”等。

幼儿通过丰富多彩的跳跃游戏活动，能有效地锻炼下肢，增强下肢肌力、弹跳力和灵敏性，提高平衡感、方位感和位移能力，培养活泼开朗的性格和吃苦耐劳的精神。

二、幼儿跳跃动作发展目标

1. 小班目标

（1）初步掌握简单的跳跃动作，如双脚原地跳、向前跳、向下跳等；能双脚同时用力蹬地起跳，双臂自然摆动，双脚同时落地，落地较轻并能注意屈膝，保持身体平衡。

（2）初步掌握跨跳动作，基本能跳过一定距离。

（3）满足幼儿参加跳跃活动的需要，培养跳跃的兴趣，体验跳跃的乐趣。

（4）初步发展深度、方位、力度等感知觉，能识别跳跃距离。

2. 中班目标

（1）能较熟练地掌握跳跃动作，起跳时双手能有意识地摆动，与腿的配合较协调；落地轻并能主动屈腿缓冲，较好地保持身体平衡。

（2）能较熟练地掌握助跑跨跳动作，在落地时能不停顿地向前走几步缓冲。

（3）能较熟练地掌握单脚连续跳动作，动作连贯，节奏清晰。

（4）能较熟练地掌握立定跳远和从高处跳下的技巧。

（5）发展深度、方位、力度和节奏等感知觉，有跳得更远的愿望。

3. 大班目标

（1）熟练掌握跳跃动作，起跳有力，动作协调，落地轻稳，身体有控制感。

（2）能熟练掌握助跑接跨跳等多种形式的跨越式跳跃动作。

（3）能从相当高度跳下，动作轻松、自然。

（4）进一步发展深度、方位、力度和节奏等感知觉，提高跳跃能力。

三、幼儿跳跃游戏案例

案例一

游戏名称

快乐韵律跳（小、中班）

游戏目标

1. 发展跳跃能力，提高下肢力量、弹跳力和反应能力。

2. 培养协调性、节奏感和乐感，感受愉快的运动体验。

游戏准备

1. 动作准备：指导幼儿掌握双脚跳、单脚跳、跳着转圈、跳着击掌等基本跳跃动作。

2. 条件准备：选择节奏清晰、活泼轻快、速度为中速的幼儿歌曲。

游戏过程

幼儿手拉手围成圆圈，面向圆心站立。当音乐响起时，在教师的示范引导下，幼儿随着音乐的节奏和旋律尽情地做各种跳跃动作（见图 2-4-1）。也可以安排 1 ~ 2 名动作协调、运动和表现能力强的幼儿站在圆心领跳。

图 2-4-1　快乐韵律跳

动作要领

跳起落地时，前脚掌先落地、稍屈膝缓冲，身体有控制并保持平衡，随着音乐的节奏跳跃。

游戏建议

1. 引导幼儿在欢快的音乐伴奏下，进行丰富多样的跳跃练习，以增添趣味性。例如，侧对圆心跳、沿逆时针方向双脚跳或结合上肢动作跳等。同时可以利用音乐的长短、速度控制好跳跃的时间和运动强度。

2. 教师可以启发幼儿，如“想一想还会怎么跳？”“看哪位小朋友跳得最好、最美”等，引导幼儿做一些拓展性的跳跃动作练习。对跳得积极、表现力好或跳得有新意的幼儿及时给予表扬，并对跳得较差的幼儿进行鼓励指导。

3. 适时替换站在圆心领跳的幼儿，让每个幼儿都有展现自己和锻炼的机会。

案例二

游戏名称

“五环美”集体跳（中、大班）

游戏目标

1. 发展幼儿跳跃和协调配合的能力。

2. 使幼儿从小了解奥林匹克运动和奥林匹克精神。

游戏准备

1. 动作准备：指导幼儿练习并掌握双脚原地跳，向左、向右单脚跳，手拉手跑跳等基本跳跃动作。

2. 条件准备：呼啦圈若干。在场地中央用 5 个圈摆放“奥运五环”，根据幼儿人数摆放多组“五环”。

3. 教师预先向幼儿讲解奥运五环的象征意义：奥运五环分别由蓝、黄、黑、绿、红五种颜色的环套接组成，象征着五大洲和全世界运动员在奥运会上欢聚一堂。

游戏过程

8 ~ 10 个幼儿手拉手围绕“奥运五环”站成一个大圆。游戏开始，全体幼儿齐声说唱童谣，同时配合相应的小跳和身体动作（见图 2–4–2）：

奥运旗帜飘，五星红旗扬（幼儿向左、向右单脚跳，同时两臂上举左右摆动）；

五洲手拉手，五环地球走（幼儿手拉手沿顺时针方向做跑跳步）；

更快又更高，更强更美好（幼儿双脚原地蹦跳，同时拍击双手）。

图 2-4-2　“五环美”集体跳

动作要领

跳跃时稍屈膝缓冲，前脚掌先落地。跳跃和跑动动作协调一致。

游戏建议

1. 启发幼儿说唱童谣的同时，积极主动地进行跳跃练习。

2. 随着幼儿跳跃能力的增强，可以让幼儿连续说唱两遍童谣，连续完成两组跳跃练习。

3. 组织幼儿在说唱童谣的同时按照顺序做双脚或单脚跳过五环的练习。

案例三

游戏名称

轮到谁跳了（小、中、大班）

游戏目标

1. 提高双脚跳能力，发展下肢弹跳力和四肢协调性。

2. 建立落地主动屈腿缓冲的动作意识，提高身体平衡力和控制能力。

3. 发展幼儿的空间方位知觉，有跳得更高的愿望。

游戏准备

1. 动作准备：练习并掌握蹲地纵跳的基本动作。

2. 条件准备：准备红、黄、蓝、绿颜色的小旗各一面。在地上画一个大圆圈，把圆圈分成 4 等分。

游戏过程

先将幼儿分成红、黄、蓝、绿 4 个组，分别站在各自场地内，教师站在圆圈中间，分别出示各种颜色的小旗，请幼儿回答小旗的颜色，帮助他们辨别和记忆自己代表什么颜色。

游戏开始，教师举红旗，代表红旗组的幼儿双脚原地向上连续跳，其他组的幼儿原地不动（见图 2-4-3）；如果举黄旗，则黄旗组的幼儿原地向上连续跳，其他幼儿不动，以此类推，看谁反应快、跳得高。

图 2-4-3　轮到谁跳了

动作要领

屈膝半蹲，双脚蹬地起跳，同时两手从身后做向上引臂动作。

游戏建议

1. 要求幼儿按照教师举旗的信号跳跃，可以同时举红、蓝两面小旗，则红、蓝两组幼儿一起跳跃。

2. 可以变换教具，如幼儿分别扮成小白鸽、小兔、小猫等，按照教师出示的卡片，进行原地双脚向上跳。

3. 要求幼儿连续做蹲地纵跳动作，直到教师发出停止信号。

4. 教师根据幼儿活动情况适时调整运动量与强度。

案例四

游戏名称

勇敢的小马驹（中、大班）

游戏目标

1. 掌握蹬地跨跃基本动作，锻炼下肢肌力，发展动作的灵敏性和协调性。

2. 培养幼儿大胆、勇敢、自信的优良品质。

游戏准备

1. 动作准备：练习并掌握蹬地跨跳动作以及跑步接跨越动作。

2. 条件准备：在地上画一条横线为起跑线，在起跑线前放置 4 ~ 6 个小跨栏作为“沟壑”，每个跨栏栏架相距 3 ~ 4 米排列。

游戏过程

幼儿扮作“小马”，站在起跑线的后面，齐声说童谣：“小马、小马，胆子大，什么困难都不怕……”。接着幼儿依次起跑，向前跑并蹬地跨步跳过“沟壑”（栏架）（见图 2-4-4），如此反复进行 2 ~ 4 次。

图 2-4-4　勇敢的小马驹

动作要领

跨步跳时用力蹬地，臂向前上方摆，带动身子向前上方跃起，两腿自然弯曲；落地时，前脚掌先着地，稍屈膝缓冲，重心及时跟进。

游戏建议

1. 提示幼儿按照正确的跨跳动作跨过“沟壑”，并提示幼儿注意安全。

2. 适时指导并鼓励运动能力弱、胆子小的幼儿克服困难，勇敢练习。

3. 逐渐增加栏架的高度和距离。

案例五

游戏名称

认真跳圈圈（中、大班）

游戏目标

1. 掌握双脚向前跳的基本动作，发展弹跳力和平衡力。

2. 激发运动兴趣，提高注意力，培养团队精神。

游戏准备

1. 动作准备：练习并掌握开合跳、向前移动跳和变向跳的基本动作。

2. 条件准备：在场地上按照“1，2，1，2，1，2，1”的顺序，沿纵向摆放10 ~ 16个呼拉圈。

3. 音乐准备：选择轻松、欢快的音乐作品，活跃练习气氛。

游戏过程

将幼儿分成人数相等、能力相近的两队，两队间隔一定距离，成纵队站在起点圈后。教师发出“开始”口令后，第一个幼儿单、双脚依次跳进、跳出圈，跳完后，跑回到起点，第二个幼儿开始接着跳圈，依次进行，直至最后一个幼儿跳圈结束（见图2–4–5）。跳圈结束后，让各队幼儿统计本队“踩碰”圈的次数，次数少者为胜方。

图2–4–5　认真跳圈圈

动作要领

脚踝用力，屈膝蹬地跳起；落地时前脚掌先落地顺势屈膝，躯干稍前倾，两手随跳动上下摆动，身体控制稳定。

游戏建议

1. 小班幼儿蹦跳时，可以附加 1 ~ 2 次原地跳动作，再跳至另一圈；大班幼儿可以适当增加跳跃难度，如一次跳 1 ~ 2 个圈。

2. 随着幼儿年龄的增长和跳跃能力的发展，可以逐渐增加圈的数量或变换跳跃的形式，如双脚或单脚连续跳进、跳出每个圈或往返跳圈等，以适当增加跳跃的难度与强度，达到锻炼目的。

3. 在游戏中，教师应关注能力较差的幼儿，并及时给予指导、帮助和鼓励。适时提示幼儿跳圈不是比速度，要看谁跳得认真、跳得高、跳得远，即跳圈时不能触碰到圈，跳圈过程中要记下碰到圈的次数。

案例 六

游戏名称

踏石过河（中、大班）

游戏目标

1. 掌握双脚向前跳、跨跳的基本动作，增强下肢力量和弹跳力。

2. 发展平衡感和身体控制能力，培养专注、稳定的心理品质。

游戏准备

1. 动作准备：练习并掌握单脚蹬跨、依次落地的基本动作。

2. 条件准备：在地上画两条相距 10 ~ 15 米的平行线，两线间为“河道”，两线外为“河岸”，在“河道”上以适当距离排列放置“石块”。

游戏过程

幼儿成纵队站在线外“河岸”上，游戏开始，教师发出“开始”口令后，幼儿从“河岸”出发开始跨跳，依次踩准每一块“石头”（见图 2-4-6），以到达“河岸”为完成任务。

图 2-4-6　踏石过河

动作要领

跨步踩踏“石头”时，用两臂帮助身体保持平衡；脚落地时稍屈膝，收腹紧腰，身体控制稳定。

游戏建议

1. 根据幼儿的运动能力，适时调整“石头”之间的距离。也可以按照折线摆放“石头”，增加练习的难度和乐趣。

2. 关注能力较差的幼儿，适当地进行扶持和帮助，并提示幼儿注意力集中，避免踏空摔倒。

案例七

游戏名称

小袋鼠蹦蹦跳（中、大班）

游戏目标

1. 熟练掌握双脚向前跳的能力，提高动作的协调性、灵敏性。

2. 丰富幼儿运动体验，激发幼儿的运动兴趣。

游戏准备

1. 动作准备：练习并掌握双脚向前跳以及在袋中蹦跳的动作。

2. 条件准备：准备 2 ~ 4 条跳袋。在平坦的空地上画两条相距 10 米的平行线，一条作为起跳线，另一条作为折返线。

游戏过程

将幼儿分成人数相等、能力相近的两队，两队间隔一定距离，成纵队站在起点线后。教师发出“开始”口令后，幼儿迅速套进跳袋，双手提着跳袋口，用双脚跳跃前进（见图 2-4-7），到终点后将跳袋交给下一个幼儿。第二个幼儿采用相同跳法跳跃前进，到最后一个幼儿完成跳跃后结束，以先完成的队为胜方。

图 2-4-7　小袋鼠蹦蹦跳

动作要领

按照正确的蹦跳要领有节奏地向前跳。跳动时身体控制稳定，每一次跳起的同时，注意双手用力抓紧袋口做提拉动作，配合袋子活动的方向，协调地向前跳跃。

游戏建议

1. 关注能力较差的幼儿，适当地进行指导和帮助，增强其运动信心。
2. 提示幼儿控制蹦跳节奏，注意运动安全，防止失衡摔跤。

案例八

游戏名称

空中漫步（大班）

游戏目标

1. 掌握从较高处往下跳的技巧，提高动作的灵敏性、协调性和平衡能力。
2. 培养幼儿勇敢、专注、坚韧的优良品质。

游戏准备

1. 动作准备：练习并掌握攀爬和从高处向下跳的基本技术和要领。

2. 条件准备：木制高凳 4 ～ 6 个、木制矮凳 6 ～ 8 个、木制长板 4 ～ 6 条。

游戏过程

将高凳和长板组合搭接成高凳子桥，同样将矮凳搭接成矮凳子桥，让幼儿自由选择高、低凳桥，然后在凳上行走，并从凳子上跳下（见图 2-4-8）。

图 2-4-8　空中漫步

动作要领

行走时身体有控制，注意力集中；向下跳时，先稍屈膝蹬伸腿，同时臂向前上方摆起，身体控制稳定；落地时，前脚掌先着地，顺势稍屈膝缓冲，动作轻巧。

游戏建议

1. 教师与幼儿共同讨论如何解决从高处跳下活动中遇到的困难。找到适当的方法，不断练习，帮助幼儿提升运动能力和经验。

2. 提示幼儿集中注意力，按照正确要领完成动作，避免摔倒。

3. 关注个别能力较差的幼儿，给予其保护、帮助和鼓励。

第五节　幼儿投掷游戏

一、幼儿投掷动作发展特点

投掷是将物体投（或推、抛、掷）向一定距离的动作，属于非周期性动作。投掷既是日常生活中的一项实用技能，也是锻炼身体的重要手段之一。

幼儿投掷一般分为投远和投准两大类。投远属于速度型力量动作，其目的是将投掷物尽可能地投得远一些。在投远练习中，想将物体投远，不仅需要上肢具有一定的力量，还需身体各部位协调用力并掌握好出手的角度和时机。投准目的是要将投掷的物体击中指定的目标。投准在投远的基础上，还需要幼儿具有良好的目测力、方向感和小肌肉控制的准确性。由于幼儿的神经系统和运动系统发育尚不完善，上肢和躯干力量相对较弱，身体各部位协调配合的能力也较差，幼儿掌握投掷动作相对要难一些。在正常情况下，男孩掷远能力强于女孩，而女孩的掷准能力则强于男孩。不同年龄阶段幼儿投掷动作发展特点详见表 2–5–1。

表 2–5–1　不同年龄阶段幼儿投掷动作发展特点

年龄阶段	投掷动作发展特点
3 ~ 4 岁	1. 能掌握单手、肩侧、肩上以及双手头上、后抛等基础性投掷动作，但动作不协调、力量小、附加动作多 2. 投掷的方向和出手角度不稳定、不准确
4 ~ 5 岁	投掷能力发展较快，能够运用腰腿力量，但投掷的准确性仍较差
5 ~ 6 岁	1. 能掌握多种投掷动作，全身能较协调地用力 2. 出手的角度、远度和准确性有明显提高，但方向仍不稳定

幼儿投掷的方式一般有单手投、双手投、正面投、背面投、侧面投、个人投、双人或集体投等。通过投掷游戏活动，可以有效增强幼儿上肢及躯干部位的肌力和协调性，提高手的持握能力和灵活性，同时对幼儿的目测力、判断力和视力发展具有积极的作用。

二、幼儿投掷动作发展目标

1. 小班目标

（1）初步掌握向前上方或远处挥臂投掷各种小球或沙包的基本动作。

（2）使幼儿体验投掷活动的乐趣，有将物体投远的愿望。

（3）初步建立全身用力的意识。

2. 中班目标

（1）掌握单手肩上投远动作，能有意识地上、下肢用力，挥臂较快，能向前上方投出。

（2）能用正确的投掷方法击中较大的目标。

（3）喜欢投掷，有增加远度和准确度的愿望。

3. 大班目标

（1）掌握投掷动作，投掷时能有意识地上、下肢和躯干协调用力，挥臂有力量，能有意识地控制投掷方向。

（2）喜欢投掷，爱比赛，想投得更远、更准。

三、幼儿投掷游戏案例

案例一

游戏名称

看谁投得准（小、中、大班）

游戏目标

1. 掌握单手肩上投掷、投准技巧，提高眼手协调和空间定位能力。

2. 发展掌指抓握力，提高专注力。

3. 培养规则意识和运动兴趣。

游戏准备

1. 动作准备：练习并掌握正确的单手肩上投掷动作要领和方法。

2. 条件准备：小网球若干，球桶或球筐 2 ~ 4 只。在地上画一条长约 5 ~ 10 米的横线。

游戏过程

将幼儿分成人数相等的 2 ~ 4 路纵队，分别站在横线后，每个幼儿持 2 ~ 4 个小网球。教师发出“开始”口令后，第一个幼儿依次将 2 ~ 4 个小网球用力投向圆桶（左手投 1 ~ 2 个，右手投 1 ~ 2 个）（见图 2-5-1），然后第二个幼儿投掷，依次轮流进行。最后以球桶中网球数量多者为胜方。

动作要领

左、右脚前后开立，重心后移至右腿，身体稍向右转，右手用力握球置于耳侧并向后牵引，眼看投掷方向，通过连贯的蹬腿、挥臂动作，将球投出，重心由后腿移至前腿。手腕控制出球的方向和角度。

图 2-5-1 看谁投得准

游戏建议

1. 帮助幼儿掌握正确的投掷方法和掷准技巧，如“手腕控制投掷方向，让球以抛物线形式下落”。

2. 引导幼儿左手、右手交替投掷，使两臂均衡发展。

3. 适时调整投掷距离，按照不同年龄阶段幼儿力所能及的远度设置。

4. 要求幼儿自觉遵守投掷规则，不得踏线、过线或干扰同伴。

案例二

游戏名称

掷远团体赛（小、中、大班）

游戏目标

1. 掌握单手肩上投掷动作，建立挥臂及上、下肢协调用力意识。

2. 培养规则意识、集体观念和团队意识。

游戏准备

1. 动作准备：练习并掌握左、右手掷远的动作要领和方法。

2. 条件准备：2 种颜色数量相等的沙包若干，口哨 1 支。将幼儿分为 2 队，根据各队人数各画一条准备线和投掷线（准备线与投掷线相距约 2 米），然后在距离投掷线 10 米、11 米、12 米的距离，分别画一条及格线（1 分线）、一条良好线（2 分线）和一条优秀线（4 分线）。中、大班的及格线在 15 米、20 米左右。

游戏过程

各队幼儿人手 2 ~ 4 个沙包，成一列横排站于准备线后。比赛开始，当听到第一声哨声后，第一排幼儿移动到投掷线位置，听到第二声哨声后，用右手将沙包向远投出，听到第三声哨声后，用左手将沙包向远投出，然后撤回至最后一排后方，换第二排幼儿根据哨声进行投掷。最后根据投过及格线、良好线、优秀线的沙包个数累计积分，分数高的队为胜方。

动作要领

左（右）右（左）脚前后开立，重心后移至右（左）腿，身体稍向右（左）转，右（左）手持沙包、屈肘上举并向后牵引，眼看投掷方向，通过连贯的蹬腿、转腰、挥臂动作，将沙包用力投出，重心由后腿发力至前腿。

游戏建议

1. 引导幼儿按照正确的要领和方法投掷沙包，尤其是左手投掷动作。

2. 根据幼儿的实际情况合理设置及格线、良好线和优秀线的距离，及格线的设置以 80% 的幼儿能投过为宜。

3. 注意培养幼儿的规则意识，对踩线、越线的行为进行罚分或减分，体现公平、公正的原则。

4. 让幼儿一起计算分数，调动情绪，活跃氛围。

案例三

游戏名称

击中目标（中、大班）

游戏目标

1. 发展幼儿掷准能力和反应速度，提高身体灵活性和有氧耐力。

2. 激发幼儿运动兴趣，获得愉快的运动体验。

游戏准备

1. 动作准备：练习并掌握肩上单手投掷的基本动作。

2. 条件准备：皮球 2 ~ 4 个。在地上画两条相距 8 ~ 10 米的平行线。

游戏过程

将幼儿分成人数相等的两队，每队选出一个幼儿，通过猜拳形式决定哪队先做线外“击打人”或线内“躲闪人”。游戏开始，教师发出“开始”口令后，站在线外持球的幼儿用球击打线内的幼儿，凡是被球碰到的幼儿，表示已被击中，应退到线外，直到线内所有的幼儿被击中出场（见图 2-5-2）后两队交换，按照同样的方法继续游戏。

图 2-5-2　击中目标

动作要领

降低身体重心，注意观察、预判，一手伸直指向目标做瞄准（头部以下），另一手将沙包投向目标。

游戏建议

1. 如果人数较多，可以分为两组同时进行游戏，以免发生碰撞。也可以变化投掷方法，引导幼儿通过抛、接等方式提高投掷效率，增添游戏的趣味性。

2. 击打过程中需提示幼儿不可以击打头部，如果打到了对方头部，及时制止并给予罚分。此外，“击打人”不得进入线内。

3. 游戏前应充分做好相关的准备活动，如拉伸练习、下肢关节活动等。

案例四

游戏名称

抛接球比赛（中、大班）

游戏目标

1. 发展双手抛接球动作，增强持握能力和动作协调性。

2. 提高眼手协调能力、球的操控能力和配合意识。

游戏准备

1. 动作准备：熟悉球性，练习并掌握抛、接球和反弹球的基本动作。

2. 条件准备：西瓜球（或小篮球）若干，秒表一块。

游戏过程

将幼儿分成人数相等的两队，两队相距 2 ~ 3 米面对面站立，相对的两个幼儿为一组。一队幼儿双手持球，听到教师发出“开始”口令后，持球幼儿用双手将球抛向本组同伴，同伴接住球，用同样方法将球抛回（见图 2-5-3）。连续完成抛球练习 4 ~ 5 分钟，最后以成功接住球数量多的小组为胜方。

图 2-5-3　抛接球比赛

动作要领

双手同时用力将球抛出，接球时双手顺势后撤缓冲，接住或抱住来球（五指张开）。反弹球时，向前下方用力掷球，使球沿斜线反弹起来，幼儿主动伸手接住或抱住反弹球。

游戏建议

1. 根据幼儿的年龄特点和传接球的能力，逐渐调整两人之间的间隔距离。

2. 可以设计不同的队形完成游戏活动，如站成圆形或正方形以两人一组的方式传抛接球或反弹球。

3. 提示幼儿“接住同伴来球的前提是要传好球”，以建立配合意识。

案例五

游戏名称

投篮高手（中、大班）

游戏目标

1. 掌握蹬地跳起单手掷球动作，发展持握能力和弹跳力。

2. 调动练习兴趣和积极性，活跃运动氛围。

游戏准备

1. 动作准备：练习并掌握蹬地跳起投球的基本动作。

2. 条件准备：篮球若干。在离地面 1.5 ~ 2 米处的空中拉一条绳或隔网，在距隔网 2 米和 4 米处各画一条直线，分别作为起掷线和预备线。

游戏过程

教师先将幼儿分成人数相等的 4 组，第一组成横队站在起掷线后，其他各组站在预备线后等待。听到教师发出“开始”口令后，第一组幼儿原地蹬地，用单手将球推出（见图 2-5-4）。球要越过架设在空中的绳或隔网。各组推完数次后，以推过线人数多的小组为胜方。

图 2-5-4　投篮高手

动作要领

投球时，重心由后腿移至前腿，前腿蹬地瞬间将球推出，上肢与腿同时用力。

游戏建议

1. 绳的高度及起掷线的距离可以根据幼儿的年龄特点及身体素质的不同而设定。

2. 提示幼儿游戏时尽量用原地蹬地单手推掷球的方式投球。

3. 篮球未越过绳或隔网，不计数量。幼儿应在教师的统一指令和要求下进行游戏活动。

案例 六

游戏名称

掷“保龄球”（中、大班）

游戏目标

1. 了解保龄球运动的基础知识和运动特点，激发运动兴趣。

2. 发展幼儿的持握能力，提高眼手协调能力，丰富运动体验。

游戏准备

1. 动作准备：通过播放视频，简单介绍保龄球运动的基础知识和运动特点，指导幼儿练习并掌握掷保龄球的基本动作。

2. 条件准备：保龄球可以用圆形的实心球或小篮球代替，数量 9 ~ 15 个，每组 6 ~ 10 个矿泉水瓶，共 2 组。在距离投掷线 3 米左右的位置，分别以“1，2，3”或“1，2，3，4”为一排的顺序，放置 6 ~ 10 个空的矿泉水瓶。两组瓶子相隔 3 ~ 5 米。

游戏过程

将幼儿分成人数相等的 2 路纵队，分别站在投掷线后，每个幼儿 3 个球。教师发出“开始”口令后，第一个幼儿依次将 3 个球投出，球向前滚动击倒瓶子（见图 2-5-5）。然后投掷手将 3 个球捡回，另一个幼儿继续，直至最后一个幼儿投掷完毕。两队幼儿分别统计各自队伍击倒瓶子的总数，累计数量多者为胜方。

图 2-5-5　掷“保龄球”

动作要领

单手持球，两腿前后站位。目视瓶子，一手持球由后向前直臂将球扔出（手心向前，手指用力），球沿地面滚动击倒瓶子。

游戏建议

1. 提示幼儿按照掷保龄球的要领完成投掷练习，投掷时注意力集中。

2. 引导幼儿左、右手交替进行投掷练习，身体两侧均衡发展。

案例七

游戏名称

飞盘“高尔夫”（大班）

游戏目标

1. 了解飞盘运动的基础知识和运动特点。

2. 发展幼儿上肢力量，提高抓握能力和空间定位能力。

3. 激发运动兴趣，丰富运动体验，培养团队意识。

游戏准备

1. 动作准备：通过播放视频，简单介绍飞盘运动的基础知识和运动特点，指导幼儿练习并掌握投掷飞盘的基本动作。

2. 条件准备：飞盘若干。根据幼儿人数将其分为人数相等的 2 ~ 3 组，根据各组人数各画一条宽度适当的准备线和投掷线（准备线与投掷线相距约 2 米，投掷线为半圆弧线），然后在距离投掷线 10 ~ 12 米的距离画一个半径为 2 米的大圆。

游戏过程

各组幼儿横向站成 2 ~ 3 排（每组一个横排）于准备线后。比赛开始，在第一声哨声后第一排（组）幼儿移动到掷球线位置，第二声哨声后将飞盘用力向圆圈投出，第一次投不进，可以再投第二、第三次，直至投进为止（见图 2–5–6），然后累计每个幼儿投掷的次数并记录。接着第二组、第三组依次投掷飞盘，最后以投掷次数累计少的队为胜方。

动作要领

两脚前后开立，投掷飞盘时重心下降稍屈膝，接着蹬直腿、重心移至前腿支撑，手由内向外用力做展臂甩腕动作（手指和腕部发力），使飞盘沿出手方向飞出，眼睛跟随飞盘方向移动。

图 2-5-6　飞盘“高尔夫”

游戏建议

1. 投掷时要求手指和腕部发力使飞盘旋转，控制好飞盘在空中飘飞的速度和轨迹。

2. 飞盘活动包括各种形式的投掷和接盘动作，因接盘方法对于幼儿较难掌握，同时为避免幼儿被飞盘打伤，所以该游戏主要进行投掷活动，不进行接盘活动。

3. 让幼儿在音乐声中进行自由投掷飞盘的练习，可以左、右手交替进行。

思考 · 练习

1. 分别从每一节的游戏案例中选出一个游戏，就每个游戏活动进行以下讨论：

（1）针对此游戏还可以做哪些变通和拓展。

（2）通过实践测算一下完成该游戏大约需要多长时间，其中教师讲解和幼儿练习各占的时间比例是多少、该游戏运动量是否科学。

2. 以小组为单位，根据幼儿动作发展和运动能力特点，设计 2 ~ 3 个发展幼儿身体基本动作或身体素质的游戏，并将游戏用正确的方法记录下来。

3. 以某一个游戏活动的指导为例，简述示范法、讲解法的应用特点。

第三章
幼儿韵律体操设计与指导

学习目标

- 掌握幼儿韵律体操的创编原则和方法
- 初步具备幼儿韵律体操的创编能力和指导能力

第一节　幼儿韵律体操概述

一、幼儿韵律体操的概念

幼儿韵律体操是根据幼儿的身心发展特点，让幼儿在音乐伴奏下，通过上、下肢的屈、伸、举、摆以及体位和步伐移动等身体动作的协调配合，按照一定的顺序，将单个动作组编成一系列联合动作的身体练习。

韵律体操不仅是幼儿体育教育活动的主要内容，还是幼儿园早操、课间活动和体育节表演的内容之一，同时也是幼儿锻炼身体，发展运动技能，培养韵律感、协调性和美感的有效手段。

韵律体操可以有效激发幼儿的情绪和美感，促进幼儿身体各部位积极协调地运动，从而有效发展身体协调性、节奏感和表现力，培养良好的方位感和身体姿态，同时对发展幼儿对于动作的记忆力和观察、模仿能力等具有特殊的作用和意义。总之，在音乐伴奏下以“操化”的形式引导幼儿完成各种身体动作和轻器械练习，可以避免练习的枯燥性、单一性，增添趣味性，提高幼儿做操的坚持性和运动锻炼效果。

二、幼儿韵律体操的分类

幼儿韵律体操主要分为徒手体操和轻器械体操两大类。徒手体操是指手中不拿任何器械的体操练习。根据其动作表现形式和动作特点，徒手体操又分为模仿操、拍击操、姿态操等。轻器械体操则指手持轻器械的体操练习。幼儿园中常开展的轻器械体操包括球操、圈操、彩旗操、绳操、棒操、纱巾操、哑铃操等。

此外，根据做操人数和协作练习形式，韵律体操分为单人操、双人操和集体（多人）操；根据身体素质发展目的，韵律体操可以分为有氧跑跳操、力量素质操和柔韧拉伸操等。

知识卡

幼儿做操能力的发展

3 ~ 4 岁幼儿做操主要是为满足其模仿和交往需要。活泼、生动的韵律动作、节奏明快的音乐或音韵和谐的儿歌以及色彩鲜艳、有趣的轻小器械都是 3 ~ 4 岁幼儿做操的主要诱因。因此，该年龄阶段的幼儿喜欢做节奏清晰、方位明确、简单且变化少的韵律体操，如活泼有趣的模仿操、球操、圈操等。但 3 ~ 4 岁幼儿动作的准确性、节奏感、协调性以及器械的掌控能力等相对较弱，掌握动作较慢。

随着幼儿的生长发育和运动能力的提升，5 ~ 6 岁幼儿的做操能力已有较快的发展。5 ~ 6 岁幼儿做操不仅为满足模仿和交往的需要，同时也为发展身体基本技能、培养良好姿态以及表现自我等需要。5 ~ 6 岁幼儿仍然喜爱做模仿操和轻器械体操，并对较复杂的双人或集体韵律体操感兴趣。该年龄阶段的幼儿已经初步掌握各个方位的举、摆、屈伸等动作，具备较简单的绕环、上下肢协同配合等能力，他们能学会六节以上的韵律体操，掌握简单的队形变化，且他们在动作的准确性、节奏感、平衡能力以及动作的速度和幅度等方面，均较 3 ~ 4 岁幼儿有明显提高。5 ~ 6 岁幼儿在教师的启发和引导下，能够想象并做出新的体操动作。

三、幼儿韵律体操的创编

幼儿韵律体操是锻炼幼儿身体、促进幼儿身心健康发展的一种运动方式。由于不同年龄阶段的幼儿在身心发展方面存在差异，并且幼儿好奇心强、求新求异，需要教师不仅能根据幼儿的年龄特点创编适合幼儿练习的体操组合练习，而且要不断推陈出新，满足幼儿不同阶段身体锻炼和动作发展的需求。因此，幼儿韵律体操的创编是未来从事幼儿教育工作的工作者必须学习和掌握的一项基本技能。

1. 幼儿韵律体操创编原则

（1）科学性原则

首先，科学性原则要求创编的体操符合幼儿的年龄特征，根据幼儿学操和做操的能力来创编动作，并合理选配音乐。其次，科学性原则体现在合理安排每套操的运动负荷上。幼儿韵律体操的运动负荷主要由一套体操的时间、操节数、动作节奏、动作幅度等因素确定。其中一个因素的变化，将会带来一套操的运动负荷改变。因此，应针对不同年龄阶段幼儿的生长发育特征、体能和动作发展水平、体操运动的目的以及不同的气候条件等，合理确定每一套体操的时间、操节数、动作节奏和动作幅度，保证体操运动的科学性和实效性。

（2）艺术性原则

艺术性原则首先体现在一套幼儿韵律体操的音乐伴奏以及每个动作的舒展性、灵巧性和各个动作之间巧妙的转换与衔接等方面。

在创编幼儿韵律体操动作时，为了遵循艺术性原则，伴奏音乐的选配应是幼儿熟悉的，节奏明快、旋律优美的纯音乐、歌曲或童谣等，并与动作协调配合。身体动作的编排应符合人体各部位运动的规律，体现前后、上下、左右、高低等对称性特点，动作方位清晰，动作与动作之间转换巧妙、过渡自然，使身体姿态舒展优美，体现出活泼、健康、有朝气的美感。此外，手持轻器械的体操动作，应符合所用器械的特性，器械与身体动作协调一致。

（3）独特性原则

各类幼儿韵律体操既有共同的特征，又有各自不同的特点。这些不同点主要表现在动作内容、表现方式以及动作的速度、力度、节奏、造型和表现力等方面，轻器械体操还表现在各种器械特性的应用方面。

（4）全面发展性原则

全面发展性原则有两层含义，一是指幼儿韵律体操应促进幼儿身心全面发展，既要增强幼儿的体质，又要促进幼儿在认知、情感、态度、社会性和个性方面的良好发展；二是指在幼儿的身体锻炼活动中，应尽量使幼儿身体的各个部位、各器官系统的机能、各种身体素质和基本活动技能等都得到全面协调的发展，避免身体锻炼的片面性和不均衡性。

（5）民族文化性原则

创编幼儿韵律体操应注意结合民族文化特点，将我国民族舞蹈中的相关动作和音乐元素纳入创编素材，尝试将韵律体操与民族舞蹈和音乐相结合，拓展创编思路，通过韵律体操教学，让幼儿了解我国民族传统文化，培养幼儿民族意识和民族自信。

2. 幼儿韵律体操创编步骤

幼儿韵律体操创编包括创编法和选编法两种方法。创编法是根据自己设计的方案，编排出一套全新的、适于幼儿练习的体操。选编法是从原有的幼儿韵律体操、舞蹈和游戏中选择一些动作，根据创编目的和幼儿实际情况，经过简单的加工、改造和组合，形成一套新的体操。选编法虽然比较常用，但创编法是幼儿韵律体操创编的基础。采用创编法进行幼儿韵律体操创编的步骤如下。

（1）确定目的，搜集相关素材

确定创编目的并搜集与创编相关的素材，是创编体操前需做的准备工作。

1）明确创编的目的和任务，确定所要创编的体操是锻炼身体用还是表演用，或二者兼有。

2）确定做操的对象和编操的具体发展目标，即创编的体操是供哪个年龄阶段的幼儿练习使用；该体操是要发展幼儿的灵敏素质，还是柔韧、力量素质或是平衡能力等。

3）全面了解幼儿身体基本动作的发展水平和做操的基础能力，了解场地和轻器械的配备等条件，这些是确定体操风格、设计动作和选配音乐的依据。

4）在确定目的和了解情况的基础上，有针对性地搜集与幼儿韵律体操相关的动作、音乐等素材。素材的来源主要为幼儿教育和体育教育书籍、音像制品，网络，向专家咨询，观察、指导幼儿体育活动实践等。

（2）制定创编方案

1）确定体操的类别。根据做操对象和编操目的确定是创编徒手体操还是轻器械体操。

2）确定体操的操名。韵律体操的名称可以根据动作特点、发展目的或轻器械名称确定，操名应轻松、活泼，有童趣，如“小兔蹦蹦跳模仿操”“柔韧素质操”“翻滚灵敏操”“旋转圈操”等。

3）确定体操的风格。幼儿韵律体操的风格主要根据幼儿的年龄特点和编操目的来确定，如活泼欢快、舒展柔和、俏皮可爱等风格。如果是轻器械体操，还需根据不同器械的功能和特性来确定体操风格，如小球体操，可以利用小球的圆形、有弹性等特征，创编多种形式的滚动、抛接和拍球、击球等动作，以体现出小球操欢快、活泼、具有跳动感的风格；又如纱巾操，因纱巾具有轻盈飘曳、色彩艳丽等特性，编操时可以通过一些蹲起、摆动和跑动等动作，使整套体操体现出上下起伏、流动舒展的特点。

4）确定体操的内容、结构和时间。根据幼儿的动作发展和运动基础，确定该套操的主要内容，进而确定节序、拍节和总时间。例如，创编幼儿柔韧操，内容包括肩胸、腰、下肢部位的拉伸动作，因此要根据各部位拉伸内容确定操的结构和节序，即第一节肩胸拉伸、第二节腰腹拉伸、第三节下肢拉伸。拉伸动作简单、重复、节奏慢，则运动量小、总时间长。

5）初步确定伴奏音乐。有了上述基本构架以后，再根据动作风格选择适合的音乐，确定后对其适当剪辑。在选配音乐的过程中，为了使动作与音乐的节奏、旋律相吻合，还要不断地对动作方案进行适当调整和补充。

幼儿韵律体操创编方案的总体设计构思，可以用记写简表的形式呈现（见表 3–1–1）。

表 3–1–1　幼儿韵律体操创编方案记写简表

操名：	风格：	音乐：	适于年龄：
总时间：	总拍数：	速度（拍 /10 秒）：	
内容			
节序	节名称	节拍数	主要动作

（3）设计和创编动作

根据上述幼儿韵律体操创编方案开始设计每一节操的具体动作，并随时将每个或每节动作的做法、节拍等用速记的方式或视频记录下来。

设计和创编动作时需考虑四个基本要素，即动作要素、空间变化要素、衔接要素、音乐要素，并按照一定的规律和顺序在基本动作的基础上进行拓展和组合，最后形成一套完整的体操动作。

1）动作要素。在幼儿韵律体操中，动作要素包括身体基本动作和轻器械基本动作两大类。在创编幼儿徒手体操时，首先应考虑基本手型（见图 3–1–1）和身体基本动作。

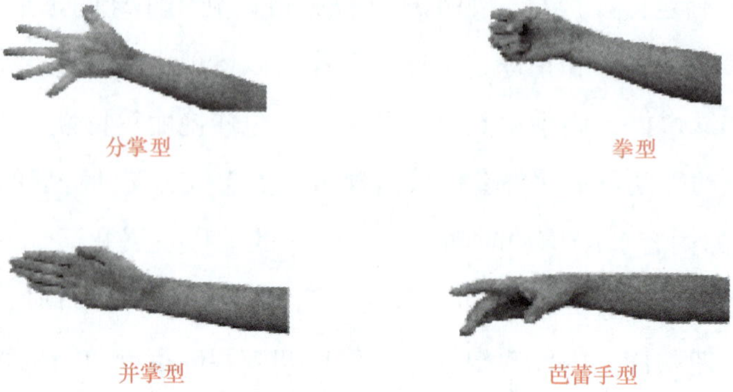

图 3–1–1　幼儿徒手体操基本手型

身体基本动作是幼儿韵律体操中最基础和稳定的动作，是设计动作和创编成套体操的基础。设计和创编幼儿徒手体操时，必须了解和掌握幼儿身体基本动作及其变化的形式和规律，为设计和创编成套体操做好铺垫。

幼儿身体基本动作按照人体各部位的运动规律可以分为头颈基本动作、躯干基本动作、上肢基本动作和下肢基本动作。其中，上、下肢基本动作及其变化形式是幼儿韵律体操的主体动作，其次是躯干动作。头颈和手的基本动作一般是作为协同性或配合性动作应用。在幼儿韵律体操中，头部动作不宜过多，因为幼儿的平衡器官发育尚不完善，过多使用易引起头晕等不适反应。幼儿韵律体操身体各部位基本动作及其变化形式与方向见表 3–1–2。

表 3–1–2　身体各部位基本动作及其变化形式与方向

身体部位	基本动作	变化形式与方向
头颈	屈伸	向前、向后、向左、向右屈伸
	转动	向左、向右转动
	绕环	向左、向右绕环
躯干	屈伸	体前屈、体后屈、体侧屈、体波浪、下桥
	转体	身体向左或向右转体 90 度、180 度或 360 度，转体配合上肢摆动和波浪动作，垫上滚动、翻转等
	体绕环	躯干向左、向右垂直或水平绕环，髋关节向左、向右水平绕环
	体倾倒	身体向前、向后倒，俯平衡、侧平衡，俯撑、仰撑、侧撑等

续表

身体部位	基本动作	变化形式与方向
上肢	举	前举、后举、上举、下举、侧举、斜向举等
	屈	胸前平（立）屈、肩侧平（立）屈、屈肘抱头、叉腰、两臂腰侧后屈等
	伸	臂前伸、臂侧伸、臂上伸、臂下伸、臂斜方向伸等
	振	胸前平屈后振、侧平举后振、上下举后振等
	摆动	单臂或双臂向前、向后、向左、向右、向上、向下摆动，两臂同时或依次摆动
	绕环	向前、向后绕环，向左、向右绕环或向内、向外绕环
下肢	举、摆、踢	向前、向后、向侧举腿、摆腿和踢腿
	屈伸	起踵、落踵，下蹲、起立，腿向前、向侧、向后屈伸
	弓步	前弓步、侧弓步、后弓步
	踏步、跑步	原地、向前、向后、向左、向右踏步或跑步，沿圆圈或方形变向踏步或跑步，配合上肢动作踏步或跑步
	跳步	原地、向前、向后、向左、向右双脚跳或单脚跳，双脚并腿跳、开合跳、转体跳，跳步配合上肢动作

创编轻器械体操则需同时考虑到身体基本动作和器械基本动作，其中以器械基本动作为主。创编时主要根据器械的性能和幼儿的动作发展水平来确定器械的基本动作，即对于每一种器械，应确定幼儿能做哪些动作、不能做哪些动作，在此基础上，再设计和创编身体结合器械的完整动作。

本教材中创编的轻器械体操，选择了幼儿喜爱且具有代表性和锻炼价值的球、圈、弹力带等轻器械，旨在起到抛砖引玉作用，给予幼儿教师在创编上的启发。在指导幼儿练习的过程中，可以根据幼儿的运动能力和水平进行相应的变通和指导。适于幼儿韵律体操的轻器械及其基本动作见表 3–1–3。

表 3–1–3　适于幼儿韵律体操的轻器械及其基本动作

器械名称	动作类型	基本动作
弹性球	持球	双手或单手持球，双脚夹球，双肘夹球、抱球，持球举、摆动、绕环等
	拍球	双手或单手拍球，原地或行进间拍球，单次或连续拍球，左、右手交替拍球等
	滚球	地上滚动球：向前、向后短距离滚动球，左、右手来回拨滚球，双人对滚球，脚踢（拨）滚动球等 身上滚动球：在后背上、腿上或手臂上滚动球等
	抛接球	双手或单手自抛、自接球，左、右手抛接球，双人抛、接球或接反弹球等

续表

器械名称	动作类型	基本动作
呼啦圈	持圈	双手或单手持水平圈、垂直圈，持圈举、摆动等
	转动圈	双手或单手转动垂直圈或水平圈，腰部转动圈，脚踝转动圈，地面“陀螺”转动圈等
	滚动圈	向前、向后短距离滚动圈，双人对滚圈等
	抛接圈	双手或单手自抛、自接圈，双人对抛、对接圈等
	进出圈	双手或单手套进、套出圈，跳绳一样跳过圈，跳进、跳出地上圈，双人配合从圈中钻过等
跳绳	持绳	双手或单手持绳端或绳中段，持绳举、摆动、转动，脚停绳、踩绳等
	跳绳	过绳跳（并腿跳、开合跳、跑跳等），两拍过绳跳和一拍过绳跳等
	绳缠绕	绳缠绕躯干、手臂等
体操棒	持棒	双手或单手持水平棒、垂直棒，持棒举、摆动、闪动、转动等
	敲击棒	手持两棒敲击，手持一棒双人配合敲击等
	滚动棒	地上滚动棒，后背、腿上、手臂上滚动棒，跨越棒等
弹力带	持带	双手或单手持水平或垂直带，脚踩、手持带，脚踝、腰部持带等
	拉伸带	双手水平拉伸带，单手或双手垂直拉伸带，双人躯干拉伸带，脚踝拉伸带等
	进出带	跳皮筋一样跳进、跳出带，点带，踩带，缠绕带等

2）空间变化要素。创编一套幼儿韵律体操一般要先确定几个最基本的单个动作，然后在单个基本动作的基础上，通过改变动作的方向、体位和节奏等方式来拓展或创编新动作，并通过合理的衔接创编幼儿韵律体操组合或成套动作。现以幼儿原地双脚跳为例，来说明空间变化要素的设计思路。

①改变动作方向：双脚依次向前、向后、向左、向右并腿“十字跳”等。

②改变身体方向：双脚跳，同时身体向左或向右转 90 度等。

③改变移动路线：双脚连续向前、向侧或向后移动跳、绕圆周移动跳等。

④改变动作的节奏（动作速度）：由 2 拍完成 1 次双脚跳转换为 1 拍完成 1 次双脚跳等。

⑤改变体位：站立或半蹲原地双脚跳、站立或半蹲向前移动跳等。

⑥改变上肢配合方式：双脚跳同时配合手臂的屈伸、摆动、绕环等上肢动作。

3）衔接要素。每一套幼儿韵律体操由单个基本动作和组合动作构成。每个单个动作之间或组合动作之间，必须通过合理的衔接和自然的过渡，才能形成一套流畅、完整的成套动作。因此，在创编幼儿韵律体操时，要明确、规范每个动作的结束姿势，使之能顺利地向下一个动作过渡和转换。因为在一套完整的韵律体操动作中，上一个动作的结束姿势就是下一个动作的开始姿势，所以只有做好了结束姿势，才能顺畅地完成动作之间的转换，最终完成成套动作。幼儿在做操时，方位感、身体动作的调整能力以及音乐配合能力等相对较弱，设计和创编成套体操时要注意使动作与动作之间的衔接合理化、简单化，以利于幼儿学习和掌握。

4）音乐要素。每一套幼儿韵律体操都必须有音乐（童谣）伴奏。音乐独特的旋律和节奏能够有效激发幼儿大脑皮层的兴奋感，使幼儿兴奋、活跃起来，从而调动幼儿做操的积极性。一套幼儿韵律体操只有在符合幼儿年龄特点且欢快活泼的音乐配合下，才更加具有动感、节奏感和趣味性，从而使幼儿爱上做操。幼儿韵律体操的配乐一般是在确定身体动作和器械动作的基础上合理进行选择，最后再根据音乐调整动作，使动作与音乐和谐一致。幼儿韵律体操音乐的选配应注意以下几个方面。

①应符合幼儿的情绪情感和认知特点。音乐的旋律应生动形象、优美动听，节奏要清晰、明快、活泼，主题则要单一集中。一般宜选择幼儿熟知的、简单的钢琴曲、儿歌、铃鼓等，尽量避免不符合幼儿特性的、复杂的、节奏过快的流行音乐。

②应符合幼儿韵律体操的动作特点。幼儿姿态操的动作具有规范、伸展、到位和控制等特点，宜选择节奏清晰、旋律优美、速度为中速的儿童音乐，如《胡桃夹子》之《银笛舞曲》；拍击操的动作节奏鲜明，具有童趣和天真活泼的特点，宜选择轻快、有跳跃感的音乐伴奏，如《幸福拍手歌》；小球体操因小球能滚动、弹动、拍击和小抛接等，宜选择带有滑音和变奏的音乐。

③应进行合理剪辑。在有条件的情况下，按照动作组合的需求和自己的创意，对所选音乐进行剪辑，可以使动作和音乐更加和谐统一。

5）其他方面的创编技巧。创编一套新颖、独特的幼儿韵律体操，除需综合考虑上述四个要素外，还应注意以下几个方面的创编技巧。

①在每一套韵律体操中，应设计 1 ~ 2 个“增色添彩”的动作点缀其中。例如，表演性体操为烘托表演效果，可以多编排一些蹦跳、转体、体位变化动作以及协作动作，有效发展幼儿动作的协调性、灵敏性和方位感，同时增添韵律体操的表演性

和趣味性。

②巧妙应用“发声”的技巧和动作。在做操时，声源主要来自呼声、节拍声、哼唱儿歌声、器械撞击声以及身体不同部位的拍击声等，各种不同特色的“发声”效果，不仅可以增加动作的力度，还可以振奋精神、活跃气氛。

③适当增加一些配合性动作。配合性动作不仅指身体部位有接触的动作，如双人或三人击掌、牵手或挽臂跑跳转圈等，还包括表情、身体动作表现等身体无接触的两人呼应动作，如一个幼儿下蹲做动作，另一个幼儿站立或围绕他做相应的动作。通过配合性动作练习，可以培养幼儿的团队意识和协作精神，同时丰富动作的完成形式，提高幼儿的练习兴趣。

④创编体操时，还应注意动作的展示面要符合审美要求，使动作实用而美观。例如“面向前、左臂前举”，则动作较为平淡，而改变一下动作的展示面，即“身体右转 90 度，留头看前方、左臂前举”，则动作会显得好看、有新意。

⑤必要时还可以通过队形的变化，提高幼儿做操的情绪和锻炼效果。幼儿韵律体操的队形变化，常采用简单的横排、纵排、圆形、三角形和梯形等。

⑥一套韵律体操可以选择 2 ~ 3 首音乐与之相配。一套体操的动作不变而音乐变换，幼儿做起操来同样具有新鲜感和兴奋性。

（4）试做和修改

一套体操编好以后，要让适龄幼儿进行试练习，观察并记录幼儿做操的兴趣、动作以及动作之间的衔接、配乐、运动量等多方面的情况，如果发现问题，及时修改。一套成熟可操作的幼儿韵律体操一般需经过多次不同程度的“修改—试做—再修改”过程，最终形成一套较完善的练习内容。韵律体操创编并修改完成后，最好用绘制简图或动作照片、动作记写的方法记录下来，也可以用手机拍摄下来，使创编成果能很好地保存和应用，利于经验积累和交流。

第二节　幼儿徒手体操

幼儿徒手体操是指幼儿徒手按照一定的节拍和动作顺序，依次完成一系列身体各部位动作的成套练习。一套完整的徒手体操包括预备姿势、操节动作、结束姿势三个部分。

幼儿徒手体操内容丰富、形式多样，可以按照多种分类方法进行分类。如按照体操动作的表现形式分类，幼儿徒手体操可分为小动物模仿操、拍击操和姿态操。

一、幼儿小动物模仿操

1. 幼儿小动物模仿操的概念

幼儿小动物模仿操是在教师生动的语言引导下，结合儿歌或音乐的节奏、旋律和主题，引导幼儿通过四肢完成平衡、跑跳、转体、造型等身体动作，形象地模仿各种小动物“特征”的身体练习。

本教材中创编的小动物模仿操，针对幼儿的身心发展特点，选择了幼儿熟悉、喜欢的小青蛙、小猴子、小企鹅、小鱼、小兔子等可爱的小动物，创编了具有代表性和趣味性的小动物韵律体操。丰富多样、活泼有趣的模仿运动，既可以有效提高幼儿身体的协调性、平衡能力和表现力，发展体能，又可以促进幼儿对动物特征的了解，增添运动乐趣。

2. 幼儿小动物模仿操指导建议

（1）小动物模仿操适于小班幼儿练习，指导应以教师动作示范、幼儿模仿练习为主，教师浅讲、精讲为辅。教师应结合语言和情境引导幼儿展开想象，并用生动、形象的动作示范带领幼儿进行模仿练习，增添模仿练习的趣味性和积极性。

（2）引导幼儿积极想象，大方、自由地表现动作。幼儿的动作可以不拘泥于死板的规定和整齐划一，而应让幼儿自由想象与表现，把动作做得自然、活泼、舒展、有力，提升模仿操的趣味性和健身实效性。

（3）在幼儿模仿练习的过程中，逐渐教会幼儿双脚跳、单脚跳、转动跳等基本动作的技巧和要领，动作体现出节奏、力度、幅度等操化动作特征。

（4）在幼儿熟练掌握基本动作的基础上，可指导幼儿变化动作的方向、角度、形式或做简单的队形变化，丰富幼儿的运动体验。

（5）幼儿掌握成套动作后，教师可以组织幼儿分组进行表演，相互观察、鼓励，培养幼儿的自信心。

（6）模仿操的音乐可以根据动作特征、速度、旋律和节奏等进行调整和替换。在选择音乐时应注意使音乐所表达的情境与幼儿要模仿的动作和谐一致，宜选择活泼、欢快、俏皮而富有动感的儿歌。在指导幼儿练习时，应先随口令慢动作练习，较熟练掌握动作后再配合音乐练习。

3. 幼儿小动物模仿操案例

案例一

演示视频

体操名称

快乐的小青蛙（小、中班）

练习目的

激发幼儿做操的兴趣，培养节奏感、模仿力和平衡能力，提高下肢力量和方位感。

音乐建议

《Hello》

动作说明

预备姿势：站立，两臂放于体侧（见图 3–2–1）。

组合一　蛙式钟摆平衡、钟摆跳

➢ 第一个八拍

1–2：左脚向侧迈步呈屈膝半蹲姿势，同时两手体前击掌（见图 3–2–2）。

3–4：重心移至左腿屈膝支撑，右腿屈膝抬至侧举，同时双臂侧举立屈（掌心向前），呈蛙式平衡姿势（见图 3–2–3）。

5–8：重复 1–4 拍动作，方向相反。

➢ 第二个八拍

重复第一个八拍动作。

图 3–2–1

图 3–2–2

图 3–2–3

➢ 第三个八拍

1–2：呈蛙式姿势，左脚支撑小跳 1 次（见图 3–2–4）。

3–4：呈蛙式姿势，右脚支撑小跳 1 次（见图 3–2–5）。

5–8：重复 1–4 拍动作。

➢ 第四个八拍

重复第三个八拍动作。

图 3–2–4

图 3–2–5

组合二　蛙式垂直跳

➢ 第五个八拍

1–4：双腿屈膝下蹲，同时双臂伸直、经下向前绕环至体前呈蹲撑姿势（见图 3–2–6、图 3–2–7）。

5–6：双脚蹬地向上跳起，同时双臂上举（掌心向前）（见图 3–2–8）。

7–8：双脚落地呈蹲撑姿势。

➢ 第六、第七个八拍

重复垂直跳呈蹲撑动作 4 次。

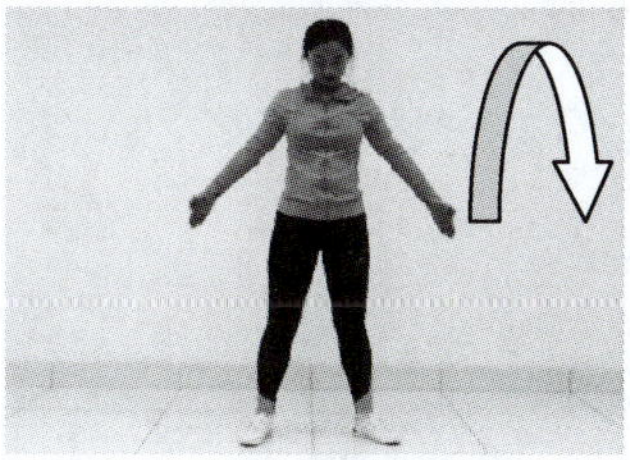
图 3–2–6

图 3–2–7

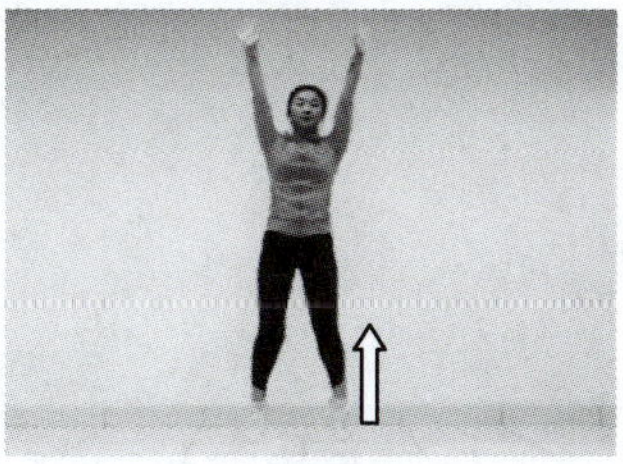
图 3–2–8

➢ 第八个八拍

1–8：左脚开始踏步（见图 3–2–9）。

组合三　蛙式转体跳

➢ 第九个八拍

1–2：双脚向左跳转 90 度呈开立姿势，双臂侧举立屈（掌心向前）（见图 3–2–10）。

3–8：重复 1–2 拍动作，连续向左分腿跳转 3 次，至身体面向前站立（见图 3–2–11 至图 3–2–13）。

图 3-2-9

图 3-2-10

图 3-2-11

图 3-2-12

图 3-2-13

➢ 第十个八拍

1–2：并腿向右小跳 2 次同时转体 90 度（见图 3–2–14）。

3–8：重复 1–2 拍动作，连续向右并腿跳转 6 次，至身体面向前站立（见图 3–2–15、图 3–2–16）。

➢ 第十一、第十二个八拍

重复第九、第十个八拍动作，方向相反，呈预备姿势结束。

图 3-2-14

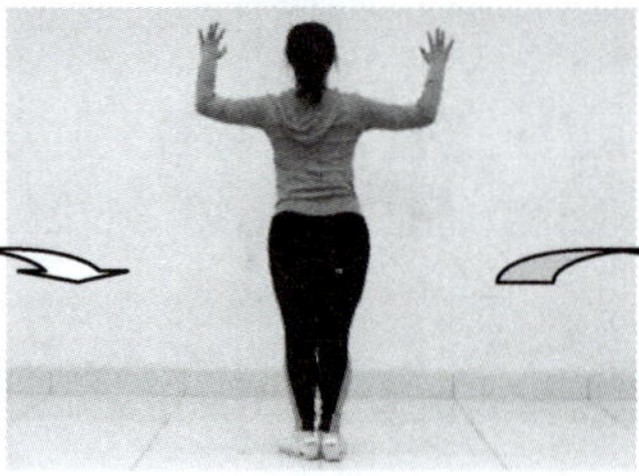

图 3-2-15

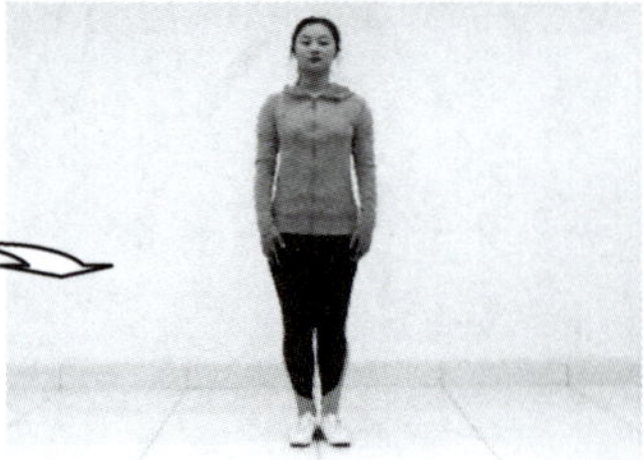

图 3-2-16

动作要领

单脚支撑平衡或小跳时，重心及时移至支撑腿上，五指用力张开，身体控制稳定。向上纵跳时，双臂经屈肘向上伸直并带动身体，同时腿用力蹬地垂直向上跳起。落地下蹲时，身体稍前倾，前脚掌落地，顺势屈膝，大腿用力，身体有控制地下蹲。跳跃动作具有“青蛙跳”的形象特征。

案例二

演示视频

体操名称

小兔蹦蹦跳（小、中班）

练习目的

调动幼儿运动兴趣，提高弹跳力和模仿力，发展姿势控制能力。

音乐建议

《兔子舞》

小班幼儿练习时，也可以随儿歌的韵律完成蹦跳练习：“小白兔呀，蹦蹦跳；跳到河边，吃青草；草儿青青，白兔壮；蹦蹦跳跳，身体好！”

动作说明

预备姿势：站立，两臂立屈于耳侧，手指呈“兔耳朵”状。

➢ 第一个八拍

1-6：屈膝，双脚原地蹦跳 6 次（见图 3-2-17）。

7-8：回到预备姿势。

➢ 第二个八拍

1-8：两拍跳一次，双脚向前连续跳 4 次（见图 3-2-18）。

➢ 第三个八拍

1-4：弹膝，同时身体向左摆动（见图 3-2-19）。

5-8：弹膝，同时身体向右摆动。

图 3-2-17

图 3-2-18

图 3-2-19

➢ 第四个八拍

1-6：原地后踢腿小跳同时向左转动一周，两臂侧下举（见图 3-2-20 至图 3-2-23）。

7–8：左腿屈膝支撑，右脚向侧伸出、脚跟点地，同时右臂前举、伸拇指呈结束姿势（见图 3–2–24）。

图 3–2–20

图 3–2–21

图 3–2–22

图 3–2–23

图 3–2–24

动作要领

蹦跳动作稍屈膝，躯干前倾。蹦跳时重心在两腿之间，前脚掌先落地，再过渡到全脚。注意节奏，身体与头部的摆动协调一致。跳跃动作具有“小兔跳”的形象特征。

案例三

演示视频

体操名称

小鱼儿畅游（小、中班）

练习目的

发展身体协调性和表现力，提高身体平衡和位移能力。

音乐建议

《What Child Is This》

小班幼儿练习时，也可以随儿歌的韵律完成移动练习：“小鱼小鱼，水中游；沉到水底，浮起头；展展身体，抬抬手；自由自在，水中游。”

动作说明

预备姿势：右肩向前站立，两臂放于体侧。

➢ 第一个八拍

1–8：小碎步向前跑动（右肩向前），同时两臂前后摆动（见图 3–2–25）。

➢ 第二个八拍

1–8：小碎步后退（返回起始位置），同时双臂由前举开始，向后做“划水动作”2 次（见图 3–2–26 至图 3–2–28）。

➢ 第三、第四个八拍

重复第一、第二个八拍的动作，方向相反。

图 3–2–25

图 3–2–26

图 3–2–27

图 3–2–28

➢ 第五个八拍

1–4：下蹲，同时双臂抱腿（见图 3–2–29）。

5–8：右脚支撑站立、左腿后踢腿，同时展体抬头、双臂水平向后摆动（见图 3–2–30）。

图 3–2–29

图 3–2–30

➢ 第六个八拍

重复第五个八拍动作，方向相反。

➢ 第七个八拍

1–8：小碎步向左前方跑动，同时双手并拢，身体随手臂左右摆动（见图 3–2–31、图 3–2–32）。

➢ 第八个八拍

1–8 拍：小碎步向后退回到原位置，同时两臂前后摆动（见图 3–2–33）。

➢ 第九、第十个八拍

同第七、第八个八拍动作，向右前方小碎步跑动，最后 2 拍呈站立姿势结束。

图 3–2–31

图 3–2–32

图 3–2–33

动作要领

小碎步跑动时，提踵频率较快，上、下肢协调配合。腿向后摆动时，臂带动身体后展，身体控制稳定。移动动作具有“小鱼畅游”的形象特征。

案例四

演示视频

体操名称

小动物平衡操（中、大班）

练习目的

提高幼儿锻炼的积极性，增强身体平衡和控制能力，发展模仿力和表现力。

音乐建议

《鬼火的童》

动作说明

预备姿势：站立，双臂放于体侧（见图 3–2–34）。

组合一　企鹅式平衡

➢ 第一个八拍

1–4：右脚支撑、左腿前下举（勾脚）、躯干稍左转（头随身体转动），同时双手斜下举，呈“企鹅式”平衡姿势（见图 3–2–35）。

5–8：左腿回收呈站立姿势。

➢ 第二个八拍

同第一个八拍动作，换另一条腿支撑平衡。

组合二　猴式平衡

➢ 第三个八拍

1–4：右腿微屈支撑站立、左腿盘于左膝（脚背绷紧），同时左手内旋呈“猴式勾手”上举、右手背于身后，呈“猴式”平衡姿势（见图 3–2–36）。

5–8：左腿回收呈站立姿势。

➢ 第四个八拍

同第三个八拍动作，换另一条腿支撑平衡。

图 3–2–34

图 3–2–35

图 3–2–36

组合三　蛙式平衡

➢ 第五个八拍

1–2：左腿向侧迈步，同时下蹲、手掌撑地，呈“蛙式”姿势（见图 3–2–37）。

3–6：左腿支撑站立（稍屈膝）、右腿屈膝抬至侧举，同时双臂侧举立屈（掌心向前），呈“蛙式”平衡姿势（见图 3–2–38）。

7–8：左腿支撑控制不动，右腿蹬直（见图 3–2–39）。

➢ 第六个八拍

同第五个八拍动作，换另一条腿支撑平衡。

图 3-2-37

图 3-2-38

图 3-2-39

组合四　鹰式平衡

➢ 第七个八拍

1–8：左腿微屈支撑站立，右腿前吸腿（脚贴于左膝内侧，上身稍前倾），同时双手侧平举（勾手提腕，指尖向下），呈“鹰式”平衡姿势（见图 3-2-40）。

➢ 第八个八拍

同第七个八拍动作，换另一条腿支撑平衡。

组合五　孔雀式平衡

➢ 第九个八拍

1–8：左腿支撑站立，右腿前吸腿（脚尖贴于左膝内侧），同时左手前上举（手型为孔雀手），右手侧举，抬头看手，呈“孔雀式”平衡姿势（见图 3-2-41）。

➢ 第十个八拍

同第九个八拍动作，换另一条腿支撑平衡。

图 3-2-40

图 3-2-41

动作要领

单脚支撑平衡时，重心及时移至支撑腿上（稍屈膝），大腿和臀肌夹紧、收腹立腰，脚扒紧地面，另一条腿绷紧，身体控制稳定。

二、幼儿拍击操

1. 幼儿拍击操的概念

拍击操是在音乐和口令节拍的指导下，在做韵律体操的过程中用两手拍击或用手掌（手心或手背）有节奏地拍击肩部、臂部、腰部、臀部、腿部等身体不同部位的身体练习。幼儿拍击操是拍手操的一种拓展，其目的是发展幼儿的节奏感、协调性和神经灵敏性，提高幼儿对体位、本体感、力量和速度等的感知能力。

本教材根据小班、中班和大班幼儿的年龄特点，分别创编了由简单到复杂的幸福拍手操、韵律跳拍击操和双人配合的同伴拍击操。拍手、拍击动作是幼儿喜爱的一种活动和交流方式，丰富多样、童趣十足、具有一定力度和速度的拍击动作，对扩展体操练习内容、提高幼儿做操兴趣、增强节奏感和本体感等具有积极作用，深受幼儿喜爱。

2. 幼儿拍击操指导建议

（1）拍击操的基本动作是身体不同部位的拍击动作。学操前可以指导幼儿配合不同节奏的口令和音乐，分别练习手与手、手与臂、手与肩、手与臀、手与大 / 小腿、手与脚背等不同部位的拍击动作，掌握拍击的技巧，识记身体部位，然后再进行拍击操的学习。

（2）采取多种形式指导幼儿进行拍击动作练习。进行拍击练习时，拍击的节奏应由慢到快或快慢交替，且逐渐增加拍击的次数和身体不同部位的拍击；还可以两人或多人组或站成不同的队形进行拍击练习，以调动幼儿练习的兴趣。

（3）可以跳脱传统意义上的“击掌拍手”练习，引导幼儿有节奏地拍击身体不同部位的大肌肉群（腿部、肩背部、臀部等），帮助幼儿感知、识别自身不同部位，建立本体感和方位感，发展掌指张力和控制力。

（4）用语言启发幼儿的想象力，引导幼儿探索各种有趣的拍击动作，并且可以把幼儿自创的拍手动作编进体操中，以鼓励幼儿的创新意识，让幼儿体验成功感，增强自信心。

（5）选择伴奏的音乐如果是外文歌曲，应注意审核歌词的主题和内容，避免不健康的、带有暴力倾向的歌曲。

3. 幼儿拍击操案例

案例一

演示视频

体操名称

幸福拍手操（小、中班）

练习目的

发展本体感和节奏韵律感，提高幼儿平衡能力和身体姿势的控制能力，增添运动的趣味性。

音乐建议

《幸福拍手歌》

动作说明

预备姿势：站立，同时两臂放于体侧。

组合一　幸福拍拍手

➢ 第一个八拍

1-6：左脚开始踏步。

7-8：踏步同时拍手 2 次（见图 3-2-42）。

➢ 第二至第四个八拍

重复第一个八拍动作。

组合二　高兴跺跺脚

➢ 第五个八拍

1-6：左脚开始踏步。

7-8：右脚支撑、左脚“跺脚”2 次（见图 3-2-43、图 3-2-44）。

图 3-2-42

图 3-2-43

图 3-2-44

➢ 第六至第八个八拍

重复第五个八拍动作，左、右脚交替完成“跺脚”动作。

组合三　快乐拍拍肩

➢ 第九个八拍

1–6：左脚开始踏步。

7–8：踏步同时双手拍肩 2 次（见图 3–2–45）。

➢ 第十至第十二个八拍

重复第九个八拍动作。

➢ 第十三个八拍

1–6：左脚开始踏步。

7–8：踏步同时两手上举击掌 2 次（见图 3–2–46）。

➢ 第十四至第十六个八拍

重复第十三个八拍动作，呈站立姿势结束。

图 3–2–45

图 3–2–46

案例二

演示视频

体操名称

韵律跳拍击操（中、大班）

练习目的

发展身体下肢力量和有氧耐力，提高身体协调性、方位感和控制能力。

音乐建议

《The Hampster Dance Song》

动作说明

预备姿势：双脚开立，两手叉腰。

组合一　弹膝脚拍击

➢ 第一个八拍

1–8：面向左前方、重心在两腿之间开立，一拍一弹膝，连续弹膝 8 次。弹膝时结合左脚前脚掌拍击地面动作（见图 3–2–47）。

➢ 第二个八拍

同第一个八拍动作，身体转向右前方，弹膝结合双手拍肩动作。

组合二　分腿跳拍击肩

➢ 第三个八拍

1–4：左脚开始踏步（见图 3–2–48）。

5–8：左脚向侧迈步呈半蹲姿势，同时双臂侧举立屈（五指张开，掌心向后）（见图 3–2–49）。

图 3–2–47

图 3–2–48

图 3–2–49

➢ 第四个八拍

1–6：蹬地向上跳起，然后落地屈膝半蹲，连续跳 2 次（见图 3–2–50）。

7–8：左脚收回呈站立姿势。

➢ 第五个八拍

1–2：身体稍向左转，左弓步跳同时右臂拍打左肩 2 次（见图 3–2–51）。

3–4：双脚跳起并立，同时双手侧下举。

5：左腿弓步跳一次，同时双手快速摆至前举（勾手）（见图 3–2–52）。

6：双脚跳起并立，同时双手侧下举。

7–8：重复 5–6 拍动作。

➢ 第六个八拍

重复第五个八拍动作，跳步方向相反。

图 3-2-50

图 3-2-51

图 3-2-52

组合三　向侧小跳拍击踝

➢ 第七个八拍

1–2：向左并腿小跳 2 次，同时左臂侧举、右臂屈肘手摆至耳侧（掌心向前）（见图 3–2–53）。

3–4：同 1–2 拍动作，方向相反。

5–8：重复 1–4 拍动作。

➢ 第八个八拍

1–2：右脚支撑小跳 2 次，同时左腿屈膝侧举，左手拍击左踝外侧 2 次，右手侧上举（见图 3–2–54）。

3–4：同 1–2 拍动作，方向相反。

5–8：重复 1–4 拍动作，最后 2 拍双脚并立。

➢ 第九、第十个八拍

左脚开始踏步，同时双手体前击掌并调整呼吸。

图 3-2-53

图 3-2-54

组合四　垂直小跳拍击臂和肩

➢ 第十一个八拍

1–4：并腿垂直小跳 4 次，同时两臂胸前平屈，手掌、手背拍击前臂 4 次（见图 3–2–55）。

5–8：同 1–4 拍动作，左、右手上下交换拍击 4 次。

➢ 第十二个八拍

1–2：并腿垂直小跳2次，同时双手胸前交叉拍击肩2次（见图3–2–56）。

3–4：并腿小跳1次，同时双手打开至侧下举（掌心向上）（见图3–2–57）。

5–8：重复1–4拍动作。

图3–2–55

图3–2–56

图3–2–57

组合五　提膝单脚跳拍击腿和掌

➢ 第十三个八拍

1–2：向左转90度，左腿提膝、右脚小跳2次，同时双手拍击左大腿（见图3–2–58）。

3–4：换另一条腿重复1–2拍动作。

5–8：重复1–4拍动作，双手于大腿下方击掌（见图3–2–59）。

图3–2–58

图3–2–59

组合六　踏步调整

➢ 第十四个八拍

1–8：左脚开始踏步转向正前方，同时双手于体前交叉，经上、向外打开（转动手腕）至侧下举结束（见图3–2–60至图3–2–62）。

图3–2–60

图3–2–61

图3–2–62

案例三

演示视频

体操名称

同伴拍击操（大班）

练习目的

发展韵律感和身体控制能力，培养集体意识和协作能力。

音乐建议

《Three Blind Mice》

动作说明

预备姿势：两人面对面，两臂前举、掌心相对站立（见图 3-2-63）。

组合一　互动热身

➢ 第一个八拍

1-2：两人屈膝、身体左转，同时右臂伸直、右臂屈肘呈推拉姿势（见图 3-2-64）。

3-4：同 1-2 拍动作，方向相反（见图 3-2-65）。

5-8：重复 1-4 拍动作。

➢ 第二个八拍

同第一个八拍动作。

图 3-2-63

图 3-2-64

图 3-2-65

组合二　快乐击掌、腿和肩

➢ 第三个八拍

1-4：向左前方迈步呈左弓步，同时双手于肩前击掌 4 次，身体稍向前倾（见图 3-2-66）。

5-8：左腿收回至立正姿势。

➢ 第四个八拍

同第三个八拍动作，方向相反。

➢ 第五个八拍

1–4：左脚向侧横跨一步呈半蹲姿势，同时双手拍击大腿 4 次（见图 3–2–67）。

5–8：双脚不动，直立并稍向左转，同时双臂交叉、双手拍肩 4 次（见图 3–2–68）。

➢ 第六个八拍

同第五个八拍动作，但身体直立右转。

图 3–2–66

图 3–2–67

图 3–2–68

组合三　互动击掌

➢ 第七个八拍

1–4：屈膝并立，两人同时内侧手相互击掌 4 次（见图 3–2–69）。

5–8：屈膝并立，两人同时躯干内转，双手相互击掌 4 次（见图 3–2–70）。

图 3–2–69

图 3–2–70

➢ 第八个八拍

1–4：两人向左、向右转 90 度背对背开立，同时两臂上举（见图 3–2–71）。

5–8：双手带动身体向下，呈立位体前屈姿势。

➢ 第九个八拍

1–4：两人体前屈，在两腿之间击掌 4 次（见图 3–2–72）。

5–8：面向前并腿站立。

图 3-2-71

图 3-2-72

组合四　踢腿击掌

➢ 第十个八拍

1-4：左腿向左前方迈步，踢右腿，同时两臂经侧平举、双手于右腿下方击掌（见图 3-2-73、图 3-2-74）。

5-8：右腿后撤、脚落地，同时两臂侧平举（见图 3-2-75），接着左腿与右腿并拢站立，两臂放于体侧。

➢ 第十一个八拍

重复第十个八拍动作，换另一侧腿练习。

图 3-2-73

图 3-2-74

图 3-2-75

组合五　拉伸调整

➢ 第十二个八拍

1-4：双手经侧抬至上举，五指交叉相握（掌心翻向上）（见图 3-2-76）。

➢ 第十三个八拍

1-8：身体向下呈立位体前屈姿势，同时屈肘、双手经体前至下举（见图 3-2-77）。

➢ 第十四个八拍

1-8：身体抬起呈直立姿势结束。

图 3-2-76

图 3-2-77

三、幼儿姿态操

1. 幼儿姿态操的概念

姿态是指幼儿在坐、立和行走时，身体所显示的外在形态和精神状态。幼儿时期是生长发育的快速期，其身体姿态表现出极大的可塑性。幼儿姿态操不仅是培养幼儿良好姿态的方法，也是对幼儿进行美育的手段之一。幼儿姿态操是指根据艺术体操、芭蕾、舞蹈和体操的基本动作，按照一定的顺序编排而成的一系列身体控制性练习。

本教材创编的幼儿姿态操成套动作包括站立姿态操、行走姿态操和轻跳姿态操，动作设计简单、规范、舒展、对称，具有韵律感和美感，适于小、中班和大班幼儿练习。幼儿姿态操遵循幼儿的身心发展规律和身体动作特点，通过对上、下肢和躯干等身体各部位有针对性地控制练习，不仅能培养幼儿正确的身体姿势，提高四肢和躯干的控制能力，同时对培养幼儿韵律感、美感和表现力具有积极的作用。

2. 幼儿姿态操指导建议

（1）幼儿姿态操练习的目的是培养幼儿正确的身体姿态和身体控制意识。因此，教师首先应指导幼儿掌握正确的站姿以及重心、体位和上、下肢的控制要领和方法，提高方位感、平衡能力和运动能力。

（2）教师以示范为主，结合简练的讲解。教师既是幼儿动作和行为的模仿对象，又是幼儿审美的对象。因此，教师的动作示范应规范、优美，面部表情及身体动作应富有表现力，以自身的示范引导幼儿做到情绪愉快、动作认真、体姿端正。此外，教师应注意动作示范的面与位置，主要应用背面示范和侧面示范，示范速度由慢逐渐加快到正常的节奏。

（3）幼儿姿态操的指导还应注意应用分解法。例如，先分别教授下肢步伐、上肢动作，再教授上、下肢配合的完整练习。

（4）在成套动作的指导中，应注意第八拍动作，即单个动作与动作之间的衔接点或转换点，这对幼儿动作与动作之间的转换或方向的改变有直接影响。因此在教学时，应重点教会幼儿第八拍动作，即做好上一个动作的结束动作。

（5）在幼儿熟练掌握基本动作的基础上，教师还需强调头部动作以及手型、脚型等身体“端点”部位动作的控制意识和正确要领。“端点”部位动作正确、控制到位，能促进小肌群精细的控制能力，使得肢体张力有效发展。这一点在幼儿姿态操教学中，一般较容易被忽略。

（6）姿态操主要适于中、大班幼儿练习。在指导幼儿练习时，应注重运用音乐的功效，培养幼儿的想象力和表现力。

3. 幼儿姿态操案例

案例一

演示视频

体操名称

站立姿态操（小、中班）

练习目的

发展协调性、方位感和表现力，培养幼儿舒展挺拔的身体姿态及良好的乐感和美感。

音乐建议

《银笛舞曲》（选自《胡桃夹子》）

动作说明

预备姿势：小八字站立，双手放于腹前（呈一位手）（见图 3–2–78）。

➢ 第一个八拍

1–4：屈膝半蹲，同时头向右稍屈、看左手（见图 3–2–79），然后还原。

5–8：屈膝半蹲，同时两臂向前下方做波浪动作（见图 3–2–80），然后还原。

➢ 第二个八拍

重复第一个八拍动作。

图 3-2-78

图 3-2-79

图 3-2-80

➢ 第三个八拍

1-2：左脚向前擦出点地（见图 3-2-81）。

3-4：两臂向上抬至前举（呈二位手）（见图 3-2-82）。

5-8：左臂抬至上举、右臂水平打开至侧举，身体稍向左倾转（见图 3-2-83）。

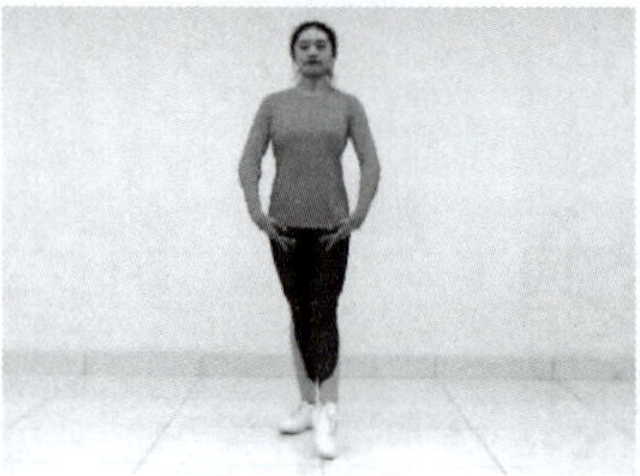
图 3-2-81

图 3-2-82

图 3-2-83

➢ 第四个八拍

1-6：左脚与右脚并立，同时提踵向左小碎步转动一圈（见图 3-2-84、图 3-2-85）。

7-8：落踵，双手回到预备姿势。

➢ 第五、第六个八拍

重复第三、第四个八拍动作，方向相反（见图 3-2-86）。

图 3-2-84

图 3-2-85

图 3-2-86

➢ 第七个八拍

1-2：左脚向侧擦地，同时双臂抬至前举（呈二位手）（见图 3-2-87）。

3-4：重心向左移动至两腿，屈膝半蹲呈开立姿势（见图 3-2-88）。

5-6：重心移至左腿支撑，右脚侧点地，同时两臂打开至侧举（呈七位手）（见图 3-2-89）。

7-8：右脚并于左脚屈膝支撑、身体向右侧屈，同时两臂顺时针移动至左手上举、右手下举（掌心向内）（见图 3-2-90）。

图 3-2-87

图 3-2-88

图 3-2-89

图 3-2-90

➢ 第八个八拍

1-2：双脚立踵，同时两臂摆至侧上举，抬头挺胸（见图 3-2-91）。

3-6：立踵原地碎步走，同时两臂做波浪动作至侧上举（见图 3-2-92）。

7-8：回到预备姿势（见图 3-2-93）。

➢ 第九、第十个八拍

重复第七、第八个八拍动作，方向相反。最后 2 拍呈结束姿势。

结束动作：右脚向右前方迈步，经半蹲至右脚支撑站立、左脚后点地，同时两臂向前落至前举（手腕交叉重叠、掌心向下）呈结束姿势（见图 3-2-94、图 3-2-95）。

图 3-2-91

图 3-2-92

图 3-2-93

图 3-2-94

图 3-2-95

案例二

演示视频

体操名称

行走姿态操（中、大班）

练习目的

锻炼踝关节和下肢肌群，培养正确的行走姿态，发展重心移动和体姿控制能力。

音乐建议

《银笛舞曲》（选自《胡桃夹子》）

动作说明

预备姿势：围成一个圆圈，左肩朝向圆心，左脚起踵并立，两手叉腰（见图 3-2-96）。

➢ 第一个八拍

1–8：原地滚动步 4 次（即两脚原地交替做提踵动作）。

➢ 第二个八拍

重复第一个八拍动作。

➢ 第三个八拍

1–8：左脚向前迈步开始，屈膝足尖步走 8 步（立踵高），躯干向左拧转，右肩向前，下颌扬起，双手叉腰（见图 3–2–97）。

➢ 第四个八拍

重复第三个八拍动作，躯干向右拧转（见图 3–2–98）。

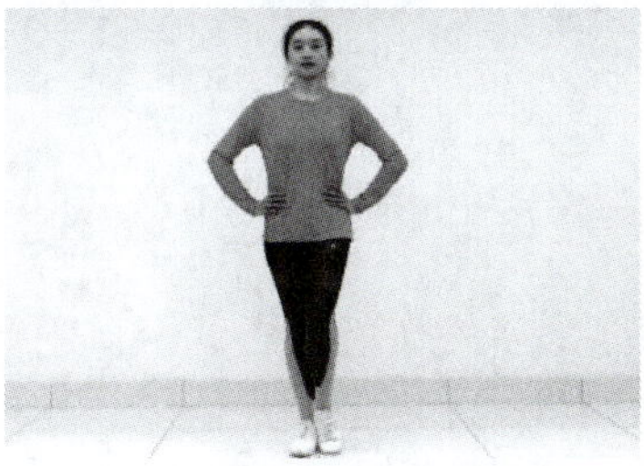
图 3–2–96

图 3–2–97

图 3–2–98

➢ 第五个八拍

1–4：左脚开始，直膝足尖步走 4 步，同时两臂前举（呈二位手）（见图 3–2–99）。

5–8：继续足尖步走 4 步，同时左臂上举，右臂打开至侧举（见图 3–2–100）。

➢ 第六个八拍

1–8：原地小碎步同时向左转动一圈（见图 3–2–101），最后一拍两手回到腹前，两脚提踵并立。

➢ 第七、第八个八拍

重复第五、第六个八拍动作，上肢动作和走转方向相反，最后一拍面向圆心站立。

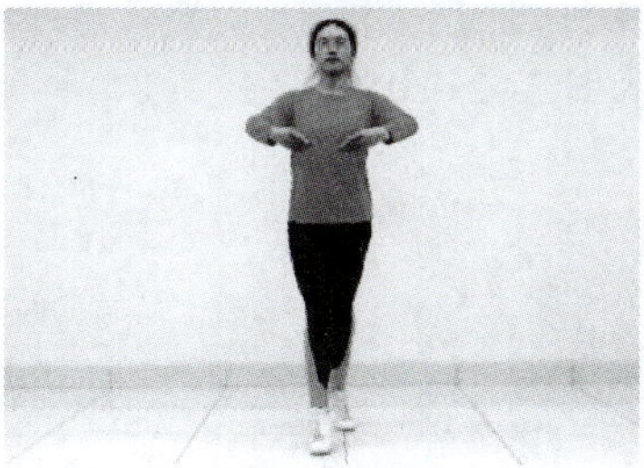
图 3–2–99

图 3–2–100

图 3–2–101

➢ 第九个八拍

1–2：向左华尔兹步（1– 左脚向侧迈步支撑，2– 右脚于左脚后踩地同时屈膝）。

3–4：右腿蹬直，紧接着左脚、右脚依次落地并立（见图 3–2–102、图 3–2–103）。

5-8：向右华尔兹步。

➢ 第十个八拍

重复第九个八拍动作，最后 2 拍回到预备姿势结束（见图 3-2-104）。

图 3-2-102

图 3-2-103

图 3-2-104

案例三

演示视频

体操名称

轻跳姿态操（大班）

练习目的

增强下肢弹跳力和有氧耐力，发展体姿控制能力，培养动作的协调性和表现力。

音乐建议

《Row，Row，Row Your Boat》

动作说明

预备姿势：小八字站立，双手放于腹前（呈一位手）（见图 3-2-105）。

➢ 第一个八拍

1-4：屈膝半蹲，然后直立（见图 3-2-106）。

5-8：重复 1-4 拍动作。

➢ 第二个八拍

1-4：一拍一跳，垂直小跳 4 次（空中两腿绷直）（见图 3-2-107）。

5-8：落地屈膝缓冲呈小八字站立姿势。

➢ 第三、第四个八拍

重复第一、第二个八拍动作，最后 4 拍左脚侧迈呈二位脚开立姿势。

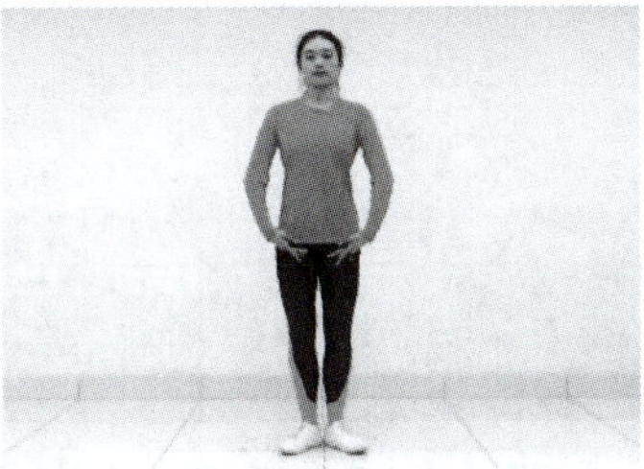
图 3-2-105

图 3-2-106

图 3-2-107

➢ 第五个八拍

1-4：二位脚屈膝半蹲，然后直立（见图 3-2-108）。

5-8：重复 1-4 拍动作。

➢ 第六个八拍

1-4：一拍一跳，垂直小跳 4 次（空中两腿分开绷直）（见图 3-2-109）。

5-8：落地屈膝缓冲，左脚收回与右脚并立。

图 3-2-108

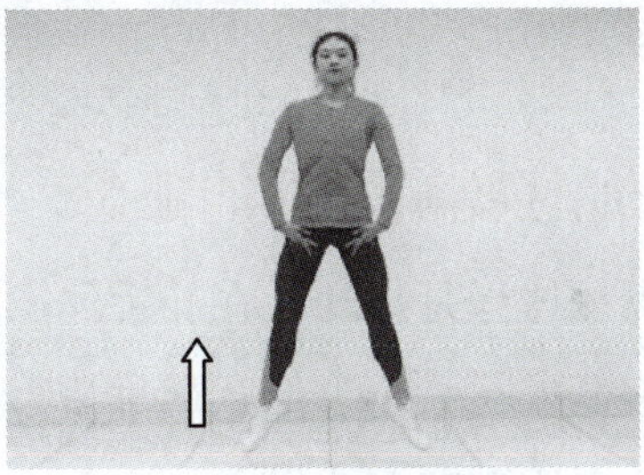
图 3-2-109

➢ 第七个八拍

1-8：右脚蹬地、左脚向左前方连续小跨跳 4 次，同时右手叉腰、左手前下举（掌心向下）（见图 3-2-110）。

➢ 第八个八拍

重复第七个八拍动作，方向相反。

➢ 第九个八拍

1-2：右脚蹬地、左脚向左跨出支撑小跳 1 次，同时右腿屈膝、右脚并于右小腿后，两手叉腰（见图 3-2-111、图 3-2-112）。

3-4：同 1-2 拍动作，方向相反。

5-8：重复 1-4 拍动作。

➢ 第十个八拍

重复第九个八拍动作，最后 4 拍呈站立姿势结束。

图 3-2-110

图 3-2-111

图 3-2-112

第三节　幼儿轻器械体操

一、幼儿轻器械体操的概念

幼儿轻器械体操是指幼儿在徒手体操的基础上，合理应用轻器械特性所完成的体操练习。各种轻器械在大小、形状、重量、材质和性能上各不相同、各具特性。各种轻器械的特点及器械体操基本动作类型见表 3-3-1。

表 3-3-1　　轻器械的特点及器械体操基本动作类型

器械名称	器械特点	器械体操基本动作类型
弹性球	橡胶材质，有良好的弹性	双手或单手持球，拍球，抛接球，地上或身上滚动球，脚踢球，持球举、屈伸、摆动、绕环等
呼啦圈	塑料材质，圆形外观，空心	双手或单手持圈，转动圈，地上滚动圈，抛接圈，钻圈，跳进、跳出圈，持圈举、摆动、闪动等
体操棒	木质或塑料材质，硬且直，有一定重量和长度限制。体操棒可以用旧挂历纸自制	双手或单手持棒（两端或中间），敲击棒，闪动或转动棒，持棒举、摆动等
弹力带	橡胶材质，有弹性，带状、可折叠变形	手或身体不同部位固定带，不同方向拉伸带，持带举、绕或缠身，皮筋式应用带

续表

器械名称	器械特点	器械体操基本动作类型
响铃	塑料材质，成对，能发出响声。响铃可以用小塑料瓶自制	双手各持一个响铃，举、屈伸、抖动或撞击等
纱巾	丝绸面料，轻、飘，可变形	单手或双手持纱巾，摆动、绕环、抛接、抖纱、盖纱、收拢、展开等
彩旗	旗子为丝绸面料，轻、飘，呈正方形或长方形；短旗杆为木质或塑料材质	单手或双手持旗杆，举旗、挥旗、摆旗、绕旗、转旗、小抛旗等

本教材根据幼儿的兴趣爱好、轻器械锻炼价值和器材场地条件，选择了橡皮球、呼啦圈和弹力带等轻器械，创编了简单易练、具有较高锻炼价值和趣味性的皮球操、呼拉圈操和双人弹力带操。

在实际应用中，除了上述提到的轻器械外，教师还可以自己动手利用生活中的一些小物品（如易拉罐、矿泉水瓶等）来制作幼儿做操用的轻器械，同时也可以带领或鼓励幼儿动手制作。通过自己动手把日常生活中熟悉的物品变成可供做操使用的器械，幼儿会觉得十分新奇，并因此激发做操的兴趣，但要注意保证自制轻器械的质量、性能、安全和卫生。因手持轻器械体操具有一定的难度和强度，仅适合在中班和大班幼儿中开展练习。

二、幼儿轻器械体操指导建议

1. 掌握轻器械体操的指导步骤，即介绍器械特性→教会器械持握方法→教会器械基本动作→教会器械结合身体动作→教会动作之间的衔接转换动作→教会组合或小节动作→教会成套动作。

2. 当幼儿掌握了器械基本动作并具有一定的器械感觉后，可以逐渐提高难度和要求。例如，用左手持器械练习、提高抛器械的高度、加大两人滚动或传递的距离、加快应用器械的节奏等。同时，教师可以引导幼儿发挥想象力，进行创意性学习和练习。

3. 可以在各种轻器械上贴上形状各异、色彩艳丽的亮光纸，使小器械更加美观、可爱。例如，在球的表面贴上熊猫贴，以提高幼儿做轻器械体操的积极性和趣味性。

4. 丰富教学组织形式，活跃课堂氛围，培养幼儿表现力。轻器械体操可以全班集体练习，也可以分小组练习，体现教师与幼儿之间、幼儿与幼儿之间的交流、互动过程。例如，分小组练习，一组练习，另一组观看。练习队形可以根据场地情况，采取多列横排、多路纵队、站成弧形或圆形等方式练习。

5. 根据幼儿心理特征，教师对动作完成情况及时给予正面的评价和鼓励，同时提醒幼儿注意安全、遵守纪律。此外，可以选择多首音乐配合轻器械体操练习，音乐的选择应符合器械的特点和动作的特点。

6. 伴奏音乐如果是外文歌曲，应注意审核歌词的主题和内容，避免不健康的、带有暴力倾向的歌曲。

三、幼儿轻器械体操案例

案例一

演示视频

体操名称

皮球操（中、大班）

练习目的

熟悉球性，培养运动兴趣，提高小肌肉群控制能力，发展柔韧性、协调性和空间方位感。

音乐建议

《加加油》

动作说明

预备姿势：并腿站立，双手胸前持球，肘抬平（见图 3–3–1）。

组合一　持球举和绕环

➢ 第一个八拍

1–8：双脚提踵、落踵 8 次，身体控制不动。

➢ 第二个八拍

1–4：左脚开始踏步，同时双手持球前举（见图 3–3–2）。

5–8：继续踏步，同时屈肘回到预备姿势，双手胸前持球（见图 3–3–3）。

图 3-3-1

图 3-3-2

➢ 第三个八拍

1–4：继续踏步，双手持球上举（见图 3-3-4）。

5–8：继续踏步，同时屈肘回到预备姿势，双手胸前持球。

➢ 第四个八拍

重复第二个八拍动作，最后 2 拍双手持球体前下举（见图 3-3-5）。

图 3-3-3

图 3-3-4

图 3-3-5

➢ 第五个八拍

1–4：左脚向侧迈步、右脚与左脚并步，接着左脚继续向侧迈步呈屈膝支撑姿势，右脚勾脚点地，同时双手持球顺时针环绕一周至左侧下举（见图 3-3-6 至图 3-3-8）。

5–8：重复 1–4 拍动作，方向相反。

➢ 第六个八拍

重复第五个八拍动作。

图 3-3-6

图 3-3-7

图 3-3-8

组合二　节奏拍球

➢ 第七个八拍

1–4：双腿并拢屈膝，同时双手拍球 1 次（眼看球），双手胸前持球（见图 3–3–9 至图 3–3–11）。

5–8：重复 1–4 拍动作。

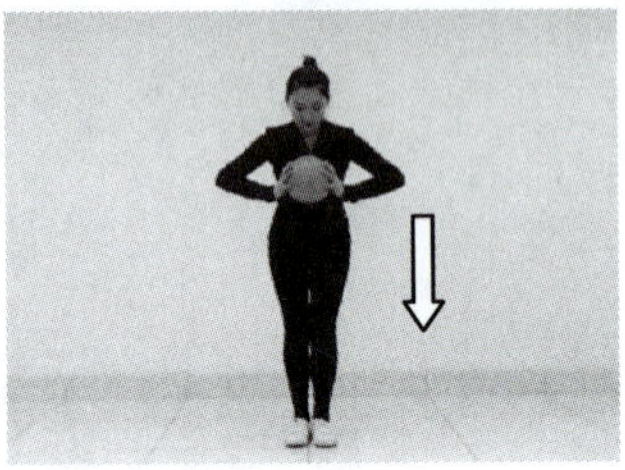

图 3–3–9

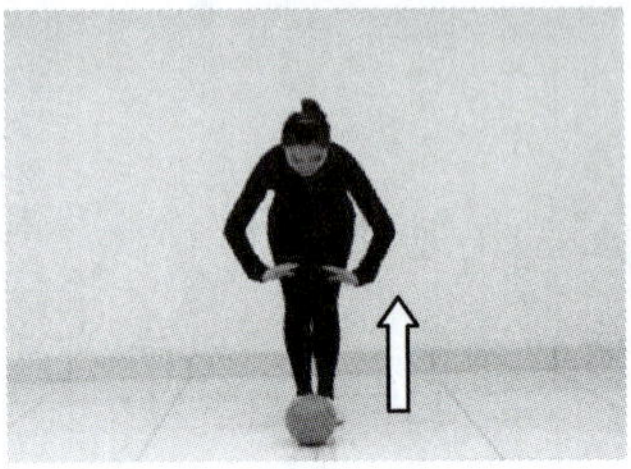

图 3–3–10

图 3–3–11

➢ 第八个八拍

同第七个八拍动作，双手连续拍球 2 次。

组合三　小抛接球

➢ 第九个八拍

1–4：左脚侧迈步呈左弓步，同时身体稍向左转，双手持球于左耳侧晃动球 3 次（见图 3–3–12）。

5–8：重心向右移动至右弓步，重复 1–4 拍动作。

➢ 第十个八拍

1–4：右脚与左脚并立，双手向左前方抛球，接着上步用臂肘夹接球，同时并腿屈膝半蹲（见图 3–3–13、图 3–3–14）。

5–8：双手于腹前持球。

➢ 第十一个八拍

重复第十个八拍动作，向右前方抛接球。

图 3–3–12

图 3–3–13

图 3–3–14

组合四　横叉地滚球

➢ 第十二个八拍

1–8：将球放于地面，两手撑地、两腿向侧滑叉呈横叉坐立姿势，双手扶球（见图3–3–15至图3–3–17）。

图 3–3–15

图 3–3–16

图 3–3–17

➢ 第十三个八拍

1–4：右手向侧拨球至左手扶球，右手侧上举（见图3–3–18、图3–3–19）。

5–8：左手向侧拨球至右手扶球，左手侧上举。

图 3–3–18

图 3–3–19

组合五　脚夹球屈伸

➢ 第十四个八拍

1–4：左腿并于右腿呈直角坐（左肩向前），双手持球上举（见图3–3–20）。

5–8：体前屈将球放于双脚之间，双脚夹球屈膝、脚尖点地，两手于侧后方撑地（见图3–3–21、图3–3–22）。

图 3–3–20

图 3–3–21

图 3–3–22

➢ 第十五个八拍

1-4：双腿伸直，双脚夹球直角坐（见图 3-3-23）。

5-8：双腿屈膝，双脚夹球、脚尖点地。

➢ 第十六个八拍

1-4：双手将球放于身体左侧（见图 3-3-24）。

5-8：身体向左翻转呈跪撑姿势，球在两手之间（见图 3-3-25）。

图 3-3-23

图 3-3-24

图 3-3-25

组合六　胸腹推球滚动至结束

➢ 第十七个八拍

1-4：屈臂同时挺胸、塌腰，胸部向前推动球滚动至腹部，呈直臂支撑、上身后屈姿势（见图 3-3-26、图 3-3-27）。

5-8：身体控制不动。

图 3-3-26

图 3-3-27

➢ 第十八个八拍

1-4：屈臂，腹部带动球向后滚动至腋下，臀部坐于脚跟，同时两臂伸直（见图 3-3-28）。

5-8：上身直立呈跪坐，同时右手将球拨于右后侧，右手扶球，左臂侧上举呈结束姿势（见图 3-3-29）。

图 3-3-28

图 3-3-29

案例二

演示视频

体操名称

呼啦圈操（中、大班）

练习目的

熟悉圈的特性，发展幼儿上肢力量，提高身体协调性和实物操控能力。

音乐建议

《Boom》

动作说明

预备姿势：站立，双手持圈前举（圈面与地面垂直）（见图 3-3-30）。

组合一 “方向盘”转动和钻进圈

➢ 第一个八拍

1–2：双腿屈伸弹动，同时逆时针方向转动圈至右手前上举、左手前下举，然后还原，一拍一动（见图 3-3-31）。

3–4：重复 1–2 拍动作，方向相反。

5–8：重复 1–4 拍动作。

图 3-3-30

图 3-3-31

➢ 第二个八拍

1–4：左、右脚向左前方上步并立，同时双手持圈经前举、向后将圈套于腰部，同时双腿屈膝提踵站立（见图 3–3–32、图 3–3–33）。

5–8：双脚小碎步还原至预备姿势。

➢ 第三、第四个八拍

重复第一、第二个八拍动作。

图 3–3–32

图 3–3–33

组合二　持圈体侧运动

➢ 第五个八拍

1–2：左脚向侧迈步呈开立姿势，同时双手将圈向右平移至左臂胸前平屈，右臂伸直侧举（见图 3–3–34）。

3–6：双手握圈逆时针转动圈至左手前下举、右手上举，同时躯干向左侧屈（见图 3–3–35）。

7–8：左脚并于右脚，还原至预备姿势。

➢ 第六个八拍

重复第五个八拍动作，方向相反。

图 3–3–34

图 3–3–35

组合三　左、右手交换圈

➢ 第七个八拍

1–2：双腿屈膝弹动，同时右手持圈侧举（手心向后、圈与地面垂直）（见图 3–3–36）。

3-4：双腿屈膝弹动，同时右手持圈沿顺时针方向摆圈至双手持圈下部（掌心向上握圈）（见图 3-3-37）。

5-8：重复 1-4 拍动作，方向相反（见图 3-3-38）。

➢ 第八个八拍

重复第七个八拍动作。

图 3-3-36

图 3-3-37

图 3-3-38

组合四　持圈 8 字绕环

➢ 第九个八拍

1-8：双脚立踵，小碎步向右转动 360 度，同时右手持圈做 8 字绕环，即右手持圈向外打开，向左侧、经体前、向下绕至体后将圈交换给左手至双手体前水平持圈（8 字绕过程中，圈面保持水平）（见图 3-3-39 至图 3-3-42）。

➢ 第十个八拍

重复第九个八拍动作，换左手持圈 8 字绕环。

图 3-3-39

图 3-3-40

图 3-3-41

图 3-3-42

组合五　腰部旋转圈

➢ 第十一个八拍

1–8：向上翻转圈、顺势将圈从头部套进躯干，同时右手侧后举、左手前侧举握圈，使圈的左侧卡于腰间，圈面保持水平（见图 3–3–43）。

➢ 第十二个八拍

1–8：左腿向侧迈步呈开立姿势，同时双手向左发力，使圈沿着腰部并借助髋部绕动的力量，沿逆时针方向转动，双臂胸前平屈或侧上举（见图 3–3–44、图 3–3–45）。

➢ 第十三个八拍

重复第十二个八拍动作。

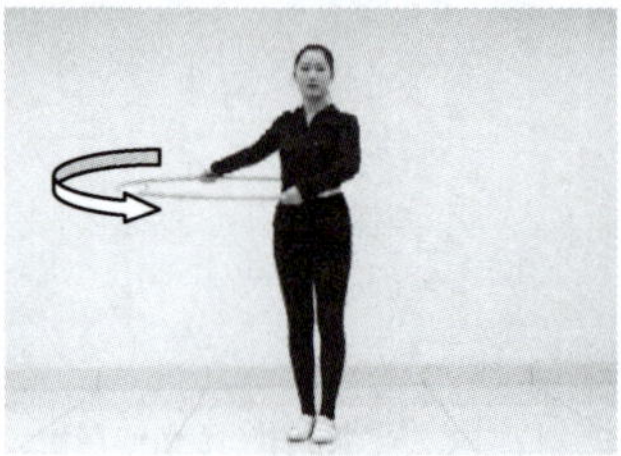
图 3–3–43

图 3–3–44

图 3–3–45

➢ 第十四个八拍

1–4：双手于体侧握住圈的两侧停住圈（见图 3–3–46）。

5–8：并腿下蹲，将圈放于地面（见图 3–3–47），呈直立姿势。

图 3–3–46

图 3–3–47

组合六　跳进、跳出圈至结束

➢ 第十五个八拍

1–2：右脚、左脚向前依次跳出圈外，双手叉腰（见图 3–3–48）。

3–4：右脚、左脚向后依次跳回圈中。

5–8：右脚、左脚依次向后跳出圈、向前跳进圈（见图 3–3–49）。

图 3-3-48

图 3-3-49

➢ 第十六个八拍

重复第十五个八拍动作，分别向左跳出、跳进圈，向右跳出、跳进圈（见图 3-3-50、图 3-3-51）。

➢ 第十七、第十八个八拍

重复第十五、十六个八拍动作，双脚并立圈中结束（见图 3-3-52）。

图 3-3-50

图 3-3-51

图 3-3-52

案例三

演示视频

体操名称

弹力带操（大班）

练习目的

发展力量和有氧耐力，提高握力、身体控制能力和协调配合意识。

音乐建议

《Sun》

动作说明

预备姿势：甲（右）、乙（左）两人肩并肩站立，内侧手相握，另一手叉腰，弹力带挂于甲颈部（见图 3-3-53）。

组合一　互动热身

➢ 第一个八拍

1-4：甲、乙两人屈膝半蹲，向内转身做“打招呼”姿势（见图 3-3-54）。

5-8：还原预备姿势。

➢ 第二个八拍

1-8：踏步同时向内转、两人面对面站立，两臂前举手相对（见图 3-3-55）。

图 3-3-53

图 3-3-54

图 3-3-55

➢ 第三个八拍

1-2：双腿屈膝，同时右臂伸直、左臂弯曲，身体随推拉动作稍向左转（见图 3-3-56）。

3-4：同 1-2 拍动作，左臂伸直、右臂弯曲，身体转动与 1-2 拍方向相反。

5-8：重复 1-4 拍动作。

➢ 第四个八拍

1-8：两人踏步同时甲双手握带两端将带从上绕出，甲、乙两人分别由带内握住带的两端并拉直带（拳心向后）（见图 3-3-57、图 3-3-58）。

图 3-3-56

图 3-3-57

图 3-3-58

组合二　上肢拉伸阻力带

➢ 第五个八拍

1-2：屈膝半蹲，同时上身左转，双臂胸前平屈拉带（见图 3-3-59）。

3-4：还原。

5–8：重复 1–4 拍动作，方向相反。

➢ 第六个八拍

重复第五个八拍动作。

➢ 第七个八拍

1–2：右腿后撤呈弓步，同时上身右转，右手胸前平屈、左手侧平举做拉带动作（见图 3–3–60）。

3–4：还原直立。

5–8：重复 1–4 拍动作，方向相反。

图 3–3–59

图 3–3–60

➢ 第八个八拍

1–2：甲不动，乙右腿后撤一步支撑站立，吸左腿，同时双手向后拉带至腹前（见图 3–3–61、图 3–3–62）。

3–4：还原。

5–8：换另一人重复 1–4 拍动作。

➢ 第九个八拍

重复第八个八拍动作，换另一侧腿。

➢ 第十、第十一个八拍

两人同时完成第八、第九个八拍动作。

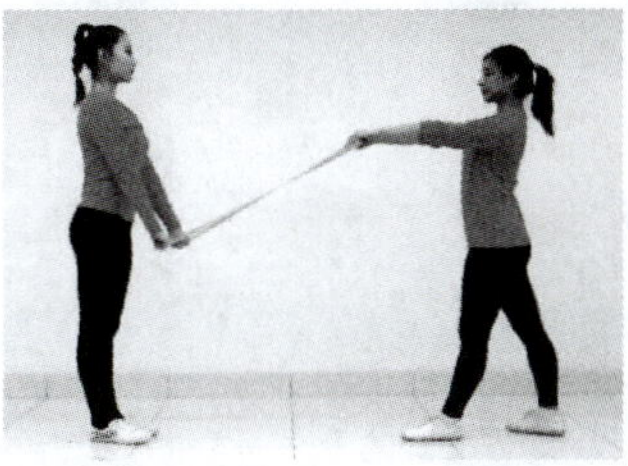

图 3–3–61

图 3–3–62

组合三　跑跳移动拉伸阻力带

➢ 第十二个八拍

1–4：乙立踵，小碎步，同时双手握带向上、向后绕，将带放于腰部（见图 3–3–63、图 3–3–64）。

5–8：甲重复 1–4 拍动作，两人面对面站立，带置于腰部（见图 3–3–65）。

图 3–3–63

图 3–3–64

图 3–3–65

➢ 第十三个八拍

1–8：甲原地站立，乙向左转 180 度，后踢腿小跑向前移动，逐渐拉长弹力带至最大限度（见图 3–3–66）。

➢ 第十四个八拍

重复第十三个八拍动作。

➢ 第十五个八拍

1–8：乙稍屈膝开立，向左移动跳 8 次，逐渐拉长带（见图 3–3–67）。

➢ 第十六个八拍

重复第十五个八拍动作，向右移动跳。

➢ 第十七至第二十个八拍

换另一人重复第十三至十六个八拍动作。

图 3–3–66

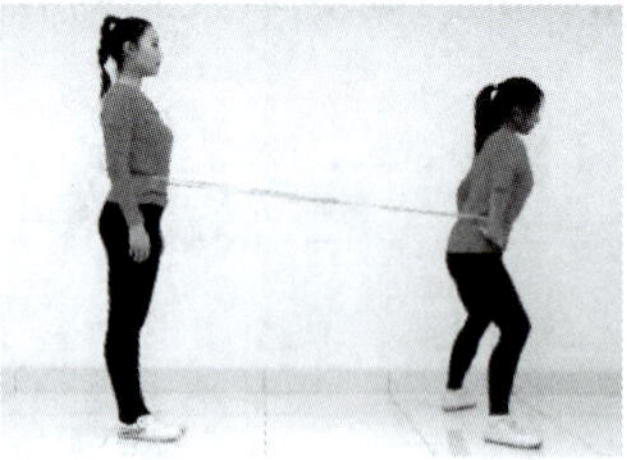
图 3–3–67

组合四　踏步调整结束

➢ 第二十一个八拍

1–4：甲、乙踏步面对面站立，将带套于腰间，拉直弹力带（见图 3–3–68）。

5–8：甲、乙踏步同时双手握带上举（见图 3–3–69）。

➢ 第二十二个八拍

1–8：甲、乙肩并肩站立，内侧腿屈膝支撑，外侧腿伸直、脚跟点地，同时左、右手上下举拉带呈方形“相框状”结束（见图 3–3–70）。

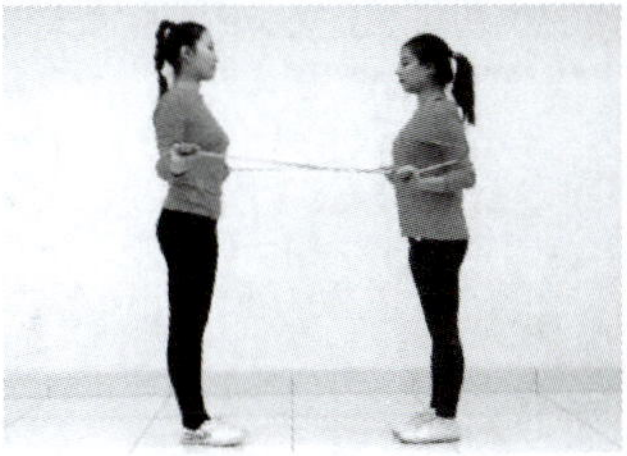

图 3–3–68

图 3–3–69

图 3–3–70

思考 · 练习

1. 选择 1 ~ 2 套韵律体操，通过讨论分析，简述其动作和音乐的创编特点。

2. 简述幼儿韵律体操创编的原则和步骤。

3. 根据创编原则和步骤，创编一套适合中班或大班练习的徒手体操，并用文字记录下来。

4. 利用日常生活用品，自制 1 ~ 2 种做操用的轻器械，并设计一套包含 6 ~ 8 个基本动作的轻器械体操，写出指导建议。

第四章 幼儿垫上运动设计与指导

学习目标

- 了解幼儿垫上运动的内容及其锻炼意义
- 掌握幼儿翻滚、支撑和伸展练习的动作要领和方法
- 能够指导幼儿进行垫上练习

第一节 幼儿垫上运动概述

一、幼儿垫上运动的概念

幼儿垫上运动是指幼儿借助垫子的支撑和保护作用，在垫上通过非常规身体姿势所进行的身体翻转、滚动、支撑、爬行和伸展等多种方式的运动。

垫上运动是幼儿体育教育活动的重要内容之一。在幼儿生长发育的过程中，仰卧蹬伸四肢、抬头、翻滚、支撑、爬行是幼儿早期逐渐发展的身体动作和位移方式，这些基本动作和位移方式可以视为幼儿垫上运动的雏形。

垫上运动对幼儿身心发展具有特殊的价值和意义。通过垫上运动，不仅能促进幼儿

神经系统和前庭器官功能适应性发展，同时能使幼儿获得新奇而愉快的运动体验，对幼儿的平衡能力、空间定向能力以及灵敏、柔韧、力量等身体素质的发展和勇敢、果断等意志品质的培养具有积极的作用和意义。

二、幼儿垫上运动的分类

根据动作的完成形式，垫上运动一般分为翻滚运动、支撑运动和拉伸运动三种，具体见表 4–1–1。

表 4–1–1　幼儿垫上运动的内容与分类

类型	基本动作
翻滚运动	向侧翻滚：跪转、臀转、背滚、直体圆木滚、侧滚翻、侧手翻等 向前 / 后翻滚：团身往复滚动、团身前滚翻、单肩后滚翻等 复合方向翻滚：陀螺滚等
支撑运动	支撑平衡：蹲撑、坐撑、跪撑、俯撑、侧撑、仰撑、倒立等
	支撑移动：跪撑爬行、仰撑（蝎子）爬行、俯撑（鳄鱼）爬行、屈体四肢爬行、向前 / 向后 / 向侧爬行等
拉伸运动	下肢拉伸：坐位体前屈、半劈叉、纵 / 横劈叉、前 / 侧 / 后摆动腿、踢腿、压脚背等 躯干拉伸：肩胸拉伸、跪立体后屈、俯卧体后屈结环、下桥等

三、幼儿垫上运动设计建议

1. 幼儿单个垫上动作的设计，主要依据垫上运动的内容与分类特点，通过应用四肢、臀（坐撑）、膝（跪撑）、肩背（仰卧团身背撑）等身体不同部位作为支撑点（面），设计不同方向和不同形式的滚动、支撑以及支撑移动（爬行）和拉伸等垫上练习。例如，通过改变方向和完成形式，可设计前滚翻、侧滚翻（直体或团身，在平面或斜面上完成）、后滚翻（单肩或双肩）、“陀螺”滚翻等垫上动作；此外，还可以模仿小动物爬行、移动、站立等特征，设计生动有趣、具有较高锻炼价值的支撑爬行和平衡练习。

2. 在设计幼儿垫上运动时，还可以将单个垫上动作按照一定的顺序、节拍以及合理的衔接转换，组编成一系列连贯的组合动作。垫上组合动作的创编可参考幼儿韵律体操创编的原则、步骤，综合考虑空间方位、衔接和音乐等要素。幼儿垫上组合动作一般由 2 ~ 6 个相同类型或不同类型的单个动作组成，还可设计为 2 人、3 人或多人协同完成。

3. 大班幼儿在掌握单个动作和组合动作的基础上，则可将两个或两个以上动作组合，按照一定的顺序和节拍串联起来，选配一首适宜的音乐，在音乐伴奏下设计具有一定动作数量和难度的成套练习。垫上成套动作的创编可参考幼儿韵律体操创编的原则、步骤和要素等。注意幼儿垫上成套动作一般由 2 ～ 4 个动作组合构成，音乐的选择应符合幼儿年龄特点和动作特点。

4. 幼儿垫上组合动作及成套动作的设计应简单易学，符合不同年龄阶段幼儿的身体发育、动作发展和运动认知特点。首先，动作简单、有规律可循，应遵循“动作先左后右、左右对称”“单个动作的次数或节拍数尽量一致”等原则；其次，动作设计依据由简到繁、由低难到中难逐渐递进的原则，如跪撑组合动作的设计（跪撑 + 跪撑平衡 + 跪撑爬行 + 跪撑转动）；最后，动作与动作之间的转换应进行精心设计，明确方向、支撑重心等要领，且不宜过快，要留出充裕的时间或节拍（一般为 4 ～ 8 拍），以保证幼儿能正确地完成转换衔接动作。

5. 幼儿垫上运动还可以设计为游戏活动，其设计方法可参考第二章第一节和第二节幼儿体育游戏设计的原则、步骤和爬行游戏的实践案例。

四、幼儿垫上运动指导建议

1. 教师应根据幼儿的动作发展和运动认知特点，合理安排教学步骤和教学方法。如“蝎子爬行”动作的指导，可采用分解法，依次按照“仰卧屈膝支撑、支撑时异侧手和脚抬起离地、慢速支撑向前移动、随音乐节奏向前爬行、向不同方向爬行组合”指导步骤，同时动作示范结合助力帮助，尤其对于动作完成欠佳的幼儿，重点给予指导和鼓励。

2. 垫上动作的技术性相对较强，教师在讲解时应适应幼儿的认知特点，注意讲解的时机和技巧。建议在幼儿练习的过程中，结合手势、助力等，进行简明、具体形象的讲解，讲解的重点为“动作要领、方向、用力部位、动作与动作之间的转换”等，指导幼儿按照正确的动作要领和方法完成练习，提高运动认知水平。

3. 对幼儿学习动作的要求，应遵循动作技术形成的规律，即“泛化阶段、精细阶段、自动化阶段”。在幼儿学习动作的初始阶段，要求粗略掌握单个动作，逐渐要求动作的规范性与熟练性，不可操之过急。

4. 在指导幼儿进行垫上练习前，应组织幼儿做好准备活动，如肩颈、躯干、四肢的拉伸，冬季还可通过跑跳练习，做好热身活动；在指导幼儿进行垫上练习的过程中，应注意观察幼儿的出汗、呼吸、面色情况，合理调整运动量和强度；在练习结束后，应组织幼儿做好放松运动，注意运动安全。

5. 垫子的摆放要有设计和创意，指导幼儿和教师一起，通过改变垫子图形，如摆放成直线形、折线形、弧形、圆形、方形或三角形等，提高幼儿练习的兴趣和效果。

6. 指导幼儿自己完成垫子的摆放、搬移和收回工作，培养幼儿的劳动意识、集体观念和健康文明行为。此外，应保持垫子干净、卫生，定期清洁和清毒，注意卫生和安全。

第二节　幼儿垫上翻滚运动

一、幼儿垫上翻滚运动的概念

幼儿垫上翻滚运动是指改变幼儿直立位移状态下的常规姿势，使其头部和身体其他部位能依次接触到垫子并围绕身体轴进行翻转的活动，它能够促进幼儿前庭器官和本体感知觉的有效发展，提高身体的协调性、平衡感和姿势控制能力，对幼儿身心发展具有特殊的作用和意义。幼儿在掌握单个翻滚动作的基础上，可以进行翻滚动作组合练习。

翻滚动作组合是将单个翻滚动作，按照一定的动作顺序和节拍节奏，结合动作之间的过渡衔接，设计成一个有开始和结束的完整的系列翻滚动作联合。翻滚动作组合有助于幼儿熟练掌握翻滚动作的技术要领，培养其动作记忆习惯，发展其平衡、协调、灵敏等身体素质，提高练习的坚持性和兴趣。

二、幼儿垫上翻滚运动指导建议

1. 指导幼儿进行垫上翻滚练习前，应做好充分的准备活动，尤其应加强颈肩和腹背收缩等热身和拉伸活动。练习时，注意教会幼儿按照正确的开始姿势和动作要领进行练习，同时鼓励幼儿大胆尝试模仿练习，提高练习效果。

2. 指导幼儿练习时应以动作示范为主，同时结合“适于幼儿年龄特点”的讲解，必要时给予恰当的帮助、保护或采取相应的辅助练习，帮助幼儿体会动作要领，建立“重心、节奏、方位”等运动中的基础概念，提高幼儿运动认知能力。

3. 在内容安排上可先做伸展性练习，再进行翻滚练习。翻滚等练习应左、右侧交替进行，以利于幼儿身体均衡发展。此外，应在单个翻滚动作做熟练以后，再开始做连续的翻滚练习，并逐渐加大动作的幅度和速度，但翻滚动作重复次数不宜过多，中间可用支撑平衡或支撑爬行动作进行调整或过渡。

4. 在幼儿掌握单个基本动作的基础上，教师可按照“操化或组合”的创编规律，将单个、独立的滚动或翻转动作，依据由简单到复杂的递进顺序，设计成一套完整的“翻滚动作组合”，指导幼儿按照一定的顺序和节奏进行组合练习，并可在音乐的伴奏下熟练技术技巧，提高锻炼效果。

5. 垫上翻滚、爬行移动等练习应在幼儿精力充沛、注意力集中的情况下进行，教师应适时提示幼儿按照要求进行练习，避免碰撞。对于运动能力弱的幼儿，可以采用帮助、保护或简单的辅助性练习，帮助幼儿掌握正确的动作方法，并适时鼓励幼儿建立克服困难的勇气和信心。

三、幼儿垫上翻滚动作案例

案例一

动作名称

团身前后滚（摇小船）（小班）

动作说明

背对滚动方向呈蹲撑姿势。开始后，当身体向后倾倒时，脚向后用力蹬推，使臀、腰、背、颈依次着垫；当头颈触垫时，迅速压小腿、随上身向前回滚；当臀部触垫子时，再向后滚动，如此往复进行（见图 4-2-1）。

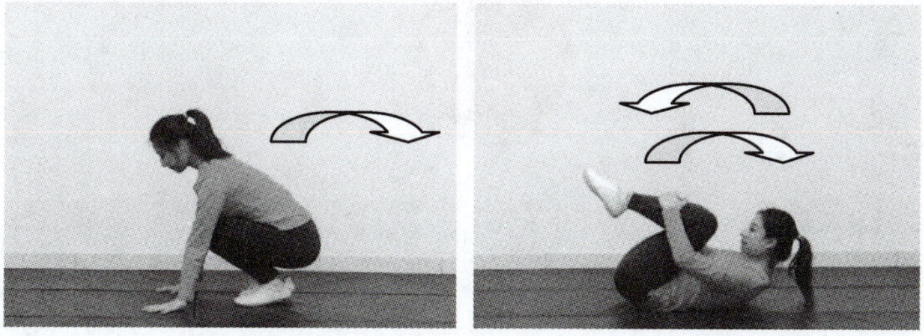

图 4-2-1　团身前后滚（摇小船）

动作要领

滚动时，两膝夹紧、两手抱膝并收腹团身、下颌贴近胸部、背部和身体两端用力，使身体借惯性有控制地往复滚动。

案例二

动作名称

团身前滚翻（滚雪球）（中、大班）

动作说明

面向滚动方向呈蹲撑姿势（手指向前，手宽于肩）。开始后，低头、用头后部先着垫，接着弓背提臀、脚蹬地，使颈、肩、背、腰、臀依次着垫，团身向前滚动。当臀部着垫时，收腹、团身屈膝，身体前倾呈蹲撑姿势（见图 4–2–2）。一般先掌握单个的前滚翻动作，再做连续前滚翻。小班幼儿可以在斜面垫上完成前滚翻练习，体验翻滚过程。

图 4–2–2　团身前滚翻（滚雪球）

动作要领

向前滚动时，低头、下颌贴近胸部、脚跟提起蹬地，接着收腹、提臀弓背；滚起时，腹背用力、抱膝团身、肩颈向前用力跟上呈蹲立姿势。

案例三

动作名称

分腿前滚翻（中、大班）

动作说明

面向滚动方向呈分腿立卧撑姿势。开始后，自然屈臂、重心前移、低头，头后部先着垫，使颈、背、腰、臀依次着垫，向前滚动呈分腿坐立姿势（见图 4–2–3）。

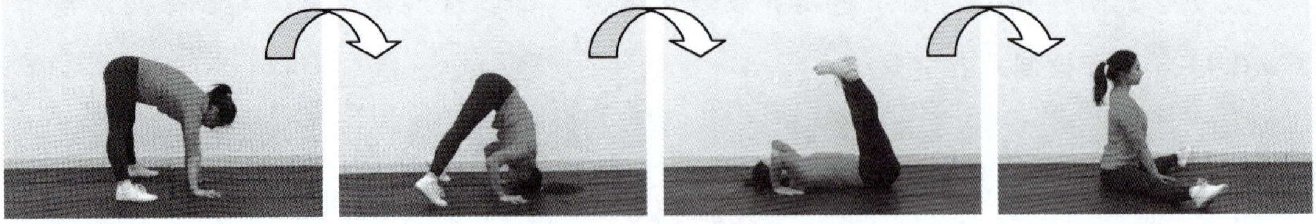

图 4–2–3　分腿前滚翻

动作要领

向前翻滚时，弓背、提臀、脚蹬地，同时低头、下颌贴近前胸、腹肌收紧、背部用力，滚动迅速，腿有控制地落地呈分腿坐立姿势。

案例 四

动作名称

侧向坐转 360 度（中、大班）

动作说明

肩侧向滚动方向呈跪撑姿势。开始后，重心向左侧移至左手支撑，左腿外侧、左臂、右臂、右腿外侧和右手依次连贯落地，接着收腹、提膝，身体快速向左侧转动一周呈跪撑姿势（见图 4–2–4）。向左、向右交替转动。

图 4–2–4　侧向坐转 360 度

动作要领

向侧转动时，重心移动及时，收腹、提膝，经过臀部支撑、腹背用力带动躯干转动。滚动时，身体收紧，滚动迅速、连贯。

案例 五

动作名称

侧向团身背滚（中、大班）

动作说明

肩侧向滚动方向呈蹲立或跪撑姿势。开始后，重心向左侧移，屈左臂夹肘、左肩触垫，接着后背、右肩臂依次着垫，同时屈膝团身经右肩、右臂滚动呈跪撑姿势（见图 4–2–5）。向左、向右交替滚动。

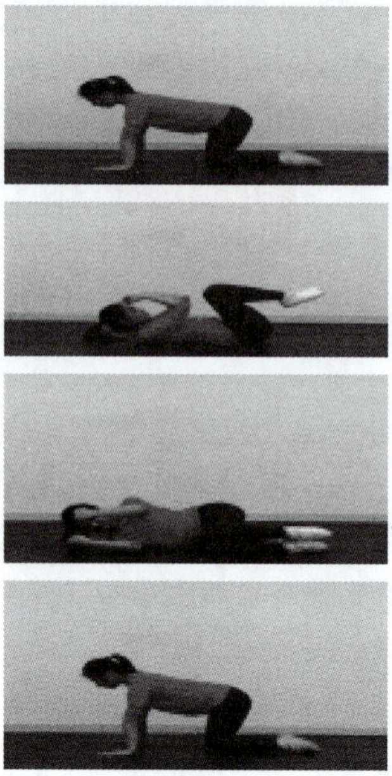

图 4-2-5　侧向团身背滚

动作要领

侧滚时，两腿夹紧、低头团身、收腹提膝，膝关节和肩背发力并带动身体快速转动呈跪撑姿势，转动时两臂于胸前收紧并握拳。

案例 六

动作名称

侧向直体翻滚（滚圆木）（小、中、大班）

动作说明

肩侧向滚动方向呈仰卧姿势，两臂上举，身体伸直。开始后，身体重心移向左侧，同时身体右侧部位用力推压垫子，髋部带动身体向左侧滚动 360 度，呈仰卧姿势（见图 4-2-6）。向左、向右交替滚动。

动作要领

仰卧时身体绷紧，用腰和肩带动躯干翻转。转动时，下颌收紧、收腹、腿臂夹紧、髋腰发力，带动身体做“冰棍”状翻转。翻转时，两臂于胸前夹肘收紧或上举。

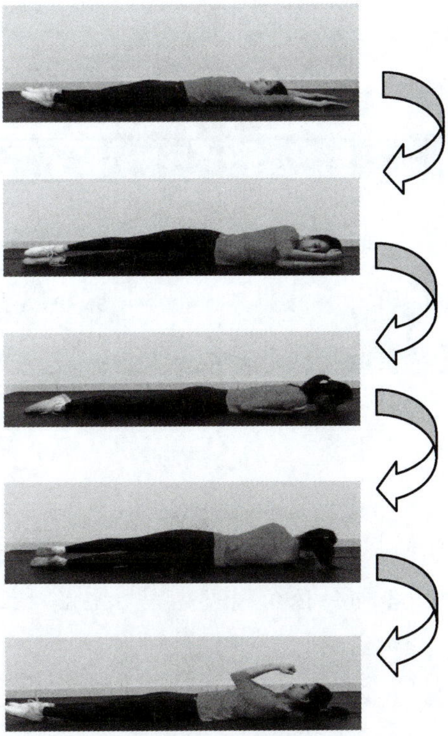

图 4-2-6　侧向直体翻滚（滚圆木）

案例 七

动作名称

陀螺翻滚（不倒翁）（中、大班）

动作说明

面向前呈盘腿坐姿势，两手握住脚外侧。开始后，身体向左后侧倾倒重心，经左肘、左肩、背、颈依次着垫，再经右肩、右肘撑垫、滚动 180 度呈盘腿坐（背向前），继续向左后侧倾倒重心，完成第二次经侧后滚回到准备姿势（见图 4-2-7）。

向左（逆时针）滚动一周 / 两次回到起始位置，然后再向右（顺时针）滚动一周 / 两次回到起始位置，向左、向右交替翻滚练习。

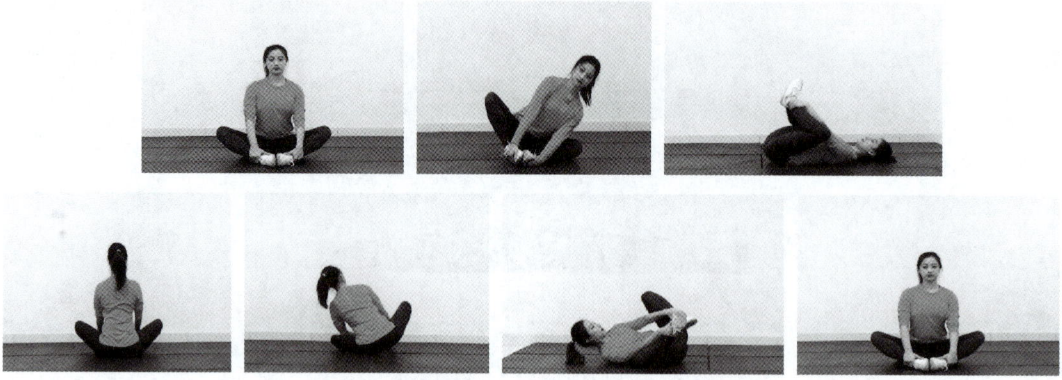

图 4-2-7　陀螺翻滚（不倒翁）

动作要领

滚动时，两手握紧脚外侧，收腹团身，下颌、颈部和躯干收紧，腹肌、肩臂发力，身体借助侧后倒惯性力，使各部位依次着垫滚转，完成“画圆”式滚动，滚动连贯、圆滑。

案例 八

动作名称

“飞身”翻转（大班）

动作说明

面向前呈坐撑姿势。开始后，重心移至右手支撑，同时右脚蹬地、左腿向侧上方摆起，左臂摆起离开地面，身体呈腾空姿势，然后转体面向前，右脚、左脚依次落地呈蹲撑姿势（见图 4-2-8）。左、右手交替支撑练习。

图 4-2-8　“飞身”翻转

动作要领

脚用力蹬地，同时提臀、挺髋、展胯带动躯干腾起，右手撑地时顶肩（肩臂与地面垂直），左手随身体方向摆动，落地时快速收腹、收腿，有控制地落地成蹲撑。

四、幼儿垫上翻滚组合案例

音乐建议

《bar bar bar 2.0》

演示视频

案例一

组合名称

侧向坐转 360 度 + 背滚组合

动作说明

预备姿势：两腿并拢呈跪坐姿势，上身直立（见图 4-2-9）。

➢ 第一个八拍

1-4：向左经臀部坐转一周呈跪撑姿势（见图 4-2-10、图 4-2-11）。

5-8：向右返回坐转一周呈跪撑姿势。

➢ 第二个八拍

1-4：右腿伸直侧点地，呈侧向左膝跪撑，同时左手撑地，右手上举（五指张开，掌心向前）（见图 4-2-12）。

5-8：还原成跪撑姿势。

➢ 第三、第四个八拍

重复第一、第二个八拍动作。

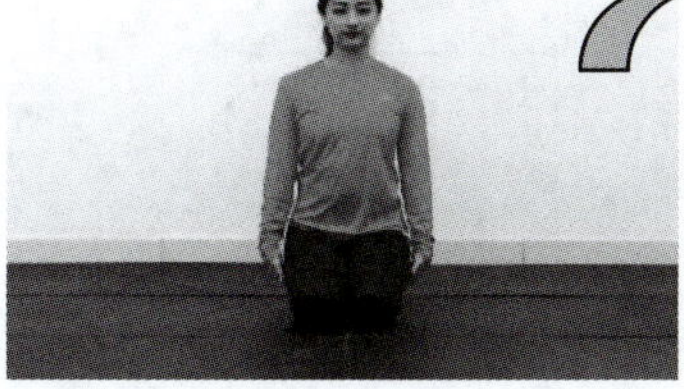

图 4-2-9

图 4-2-10

图 4-2-11

图 4-2-12

➢ 第五个八拍

1-4：向左团身背滚一周呈跪撑姿势（见图 4-2-13、图 4-2-14）。

5-8：向右团身背滚一周呈跪撑姿势。

➢ 第六个八拍

重复第二个八拍侧向左膝跪撑动作。

➢ 第七、第八个八拍

重复第五、第六个八拍动作。最后两拍向右转 90 度呈屈膝坐立（左肩向前）、双手抱膝姿势（见图 4-2-15）。

图 4-2-13

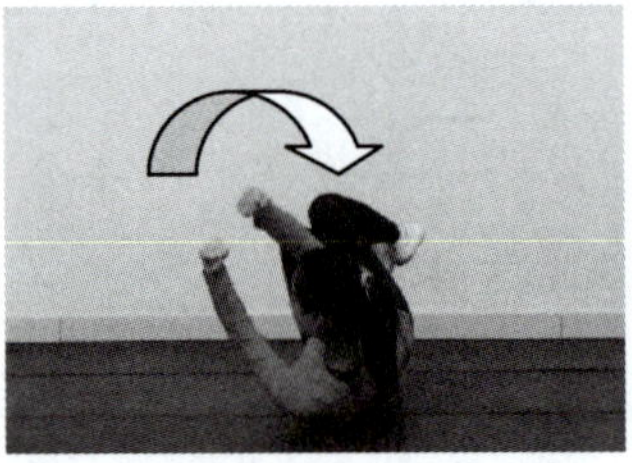
图 4-2-14

图 4-2-15

案例二

组合名称

团身滚动滚翻组合

动作说明

➢ 第九个八拍

1-4：双手抱膝，团身向后滚动至臀部抬起制动（见图 4-2-16）。

5-8：还原成坐立姿势。

➢ 第十个八拍

重复第九个八拍动作。

➢ 第十一个八拍

1–4：双手抱膝，团身向后滚动至臀部抬起制动，左、右小腿快速前后交替打腿，双臂伸直贴地（掌心向下）（见图 4–2–17）。

5–8：还原成屈膝坐立姿势，两手放于体侧（见图 4–2–18）。

➢ 第十二个八拍

重复第十一个八拍动作。

图 4–2–16

图 4–2–17

图 4–2–18

➢ 第十三个八拍

1–4：左、右腿依次抬起至前上举（勾脚），双手于体侧撑地（见图 4–2–19）。

5–8：屈膝同时右脚在前交叉点地（见图 4–2–20）。

➢ 第十四个八拍

1–8：以脚为轴向右翻转 180 度呈蹲撑姿势（右肩向前）（见图 4–2–21）。

图 4–2–19

图 4–2–20

图 4–2–21

➢ 第十五个八拍

1–8：前滚翻呈屈膝坐立姿势（右脚在前交叉点地）（见图 4–2–22、图 4–2–23）。

➢ 第十六、第十七个八拍

重复第十四、第十五个八拍动作，翻转方向相反。

➢ 第十八个八拍

1–8：臀部支撑，同时收腹提膝、脚离地，身体向右转 90 度面向前呈盘腿坐立（脚相抵），双手握住脚背（见图 4–2–24）。

图 4-2-22　　图 4-2-23　　图 4-2-24

案例 三

组合名称

陀螺翻滚组合

动作说明

➢ 第十九个八拍

1–8：向左连续做陀螺翻滚2次，沿逆时针翻转一周回到起始位呈屈腿坐立或盘腿坐立姿势（见图4–2–25）。

➢ 第二十个八拍

重复第十九个八拍动作，翻滚方向相反，沿顺时针方向翻转一周。

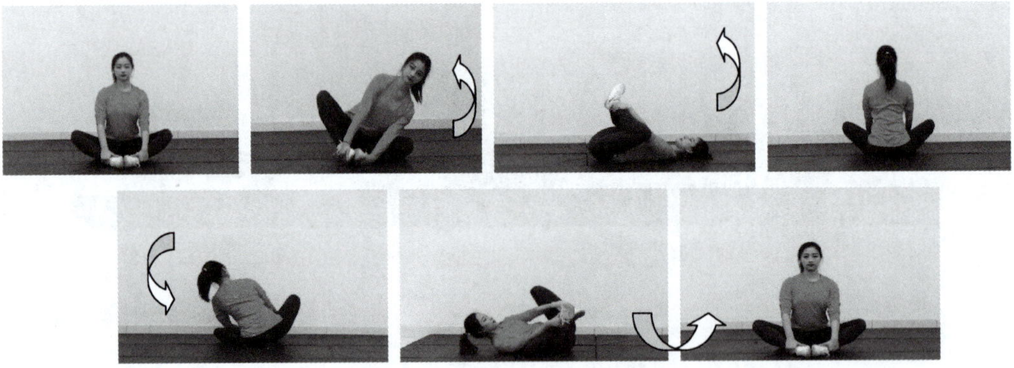

图 4-2-25

➢ 第二十一个八拍

1–8：双腿向侧分开成横叉，同时体前屈、两臂屈肘撑地（见图4–2–26）。

➢ 第二十二个八拍

1–4：上身直立，同时双腿屈膝，左小腿外侧贴地、右脚在左小腿前支撑（见图4–2–27）。

5-8：右脚支撑站立，左脚后点地，两臂侧上举（花掌）结束（见图 4-2-28）。

图 4-2-26

图 4-2-27

图 4-2-28

第三节　幼儿垫上支撑运动

一、幼儿垫上支撑运动的概念

支撑运动是指人体的肩轴高于支撑面并对支撑点产生压力的一类身体动作。根据人体在垫上呈现的不同姿势，支撑一般分为蹲撑、跪撑、坐撑和卧撑等。幼儿在掌握单个支撑动作的基础上，可以进行支撑动作组合练习。

支撑动作组合是将各种支撑和支撑移动的基本动作，按照一定的顺序和节拍节奏，结合动作之间的过渡衔接，设计成一个有开始和结束的完整的系列支撑动作联合。支撑组合练习有助于幼儿熟练掌握支撑类动作的技术要领，发展体能，提高对支撑练习的积极性。

科学而有目的地引导幼儿进行不同形式的支撑、支撑移动练习，不仅能有效锻炼幼儿上肢肩带肌、手腕和核心部位力量，增强身体协调性、平衡感和位移能力，同时对促进幼儿感知觉发展、满足好奇心等具有积极作用。

二、幼儿垫上支撑运动指导建议

1. 指导幼儿进行支撑平衡和移动爬行练习前，进行腕关节、肩关节的屈伸、绕环等热身活动，是必不可少的环节之一。在练习结束时，还应指导幼儿做拉伸、拍击等放松练习，减缓肌肉疲劳。

2. 与翻滚练习相比，支撑练习较为简单，指导应以动作示范、幼儿模仿练习为主，讲解为辅。练习时，根据支撑平衡和移动的技术特点，指导幼儿按照正确的动作要领和方法练习，注意身体重心控制稳定，支撑点受力均衡。

3. 指导幼儿练习并掌握不同形式的单个支撑动作，再进行组合练习。组合练习可在口令节拍或音乐伴奏下完成。

4. 幼儿支撑平衡练习的持续时间不宜过长，一般控制在 4 ～ 8 拍。支撑平衡应与支撑移动练习结合进行，如与翻滚、拉伸等运动穿插练习，或在支撑动作之间点缀一些活泼有趣的上肢动作及其他部位的练习。

5. 在音乐选择方面，应根据支撑平衡和支撑移动的动作特点，选择节奏感强、速度稍快或稍慢的音乐。

6. 为幼儿提供合适的练习环境和条件，垫子应平整、干净，软硬适度。

三、幼儿垫上支撑动作案例

演示视频

案例一

动作名称

蹲撑蹬地起跳—蹲撑向前跳（小、中班）

动作说明

蹲撑蹬地起跳：蹲立，两手体前侧撑地（五指分开，手指向前），重心前移至双手支撑，双脚蹬地同时收腹提臀，脚离地向上腾起，呈蹬地起跳姿势（见图 4–3–1），然后还原。

蹲撑向前跳：双手前移，接着双脚蹬离地、收腹提臀提膝、双腿前移至双手之间，接着双手再前移，连续重复蹲撑向前跳动作 6 ～ 8 次。

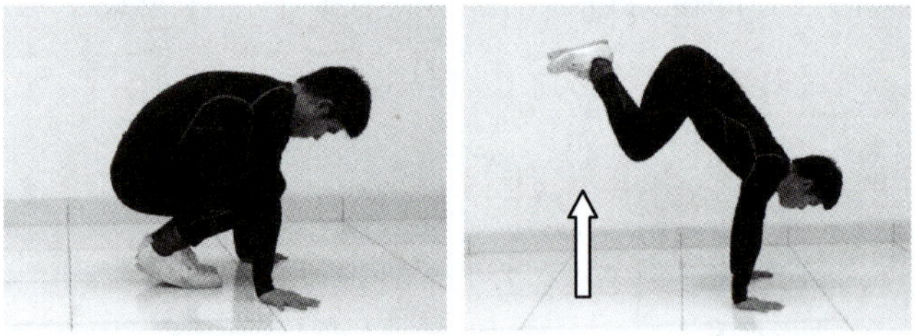

图 4–3–1　蹲撑蹬地起跳

动作要领

腿并拢夹紧，蹬地起跳同时重心前移至双手支撑，收腹提臀、向腹部吸腿，五指用力扒地，身体控制稳定，双脚有控制地落地，上、下肢协调配合。

案例二

动作名称

坐撑举腿—坐撑前移（小、中班）

动作说明

坐撑举腿：坐立，腿并拢伸直，依次抬左腿、右腿，然后抬双腿，双手于体侧撑地，身体稍向后倾，身体与腿形成“V”形（见图 4-3-2）。

图 4-3-2　坐撑举腿

坐撑前移：坐立，腿并拢伸直，双手用力支撑、屈膝同时臀部抬起前移至原脚跟位置后落地，接着双手前移至体侧撑地同时腿伸直，连续重复坐撑前移动作（见图 4-3-3）。坐撑前移、坐撑后移交替练习。

图 4-3-3　坐撑前移

动作要领

坐立支撑举腿时，收腹立腰（着力点在腰部），重心稍向后移，大腿用力抬起至前上举，两臂体后侧撑地，腿有控制地下落。

坐撑前移时，收腹立腰，四肢与臀部协调配合用力，有控制地向前移动。

案例三

动作名称

跪撑平衡—跪撑爬行移动（小、中班）

动作说明

跪撑平衡：跪撑，两膝并拢支撑（脚背贴垫），两手与肩同宽撑地（五指分开、向前），腰背平直，大腿、上肢与地面垂直。左腿抬起向后伸直与地面平行，单膝与双手支撑，身体呈平板状（见图 4–3–4）。还可以做双膝、单手的三点跪撑平衡或左（右）膝、右（左）手的两点跪撑平衡。

图 4–3–4　跪撑平衡

跪撑爬行移动：左（右）腿、右（左）手抬起前移，接着另一侧前移，连续重复跪撑爬行动作（见图 4–3–5）。跪撑爬行还可以向后、向侧或转圈式爬行移动（同侧的手与脚同步移动）。爬行移动的路线可以是直线、弓字线、方形线或圆周线等。

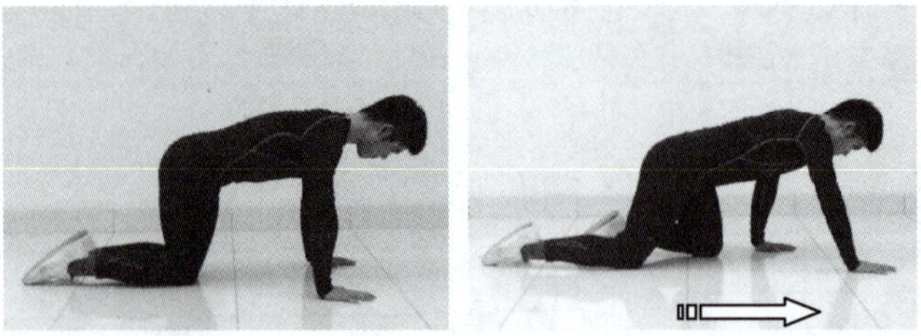

图 4–3–5　跪撑爬行移动

动作要领

跪撑举腿时，身体重心稍向前移至手上，五指、小腿和脚背压紧地面，同时收腹立腰、夹臂，保持身体平衡。

跪撑爬行时，臂伸直、顶肩，收腹立腰，异侧手、膝协调移动，五指张开用力，重心及时跟进。

案例四

动作名称

俯撑—俯撑举腿平衡—俯撑爬行移动—屈体俯撑移动—俯卧撑移动（小、中、大班）

动作说明

俯撑：面向垫子，直臂支撑，双手与肩同宽（五指分开，手指向前），肩臂与地面垂直，身体保持在一个平面，两腿分开或并拢呈俯卧支撑姿势（见图 4–3–6）。

俯撑举腿平衡：右（左）脚和两手形成三点支撑，左（右）脚向上抬起至水平位；左（右）腿与身体成一个平面控制不动，形成三点支撑平衡（见图 4–3–7），两腿交替支撑练习。俯撑举腿平衡还可以左（右）腿、右（左）手同时抬起，形成两点支撑平衡（见图 4–3–8）。两点支撑对于幼儿来说难度较大，需在教师或同伴的扶持和帮助下完成练习。

图 4–3–6 俯撑

图 4–3–7 三点支撑

图 4–3–8 两点支撑

俯撑爬行移动：俯卧支撑，双脚并拢，脚背和双手支撑，双手交替向前移动，同时肩背和腰发力，带动身体前移（见图 4–3–9）。

屈体俯撑移动（小猴式爬行）：体前屈俯撑，右（左）手、左（右）脚同时离地向前移动，接着左（右）手、右（左）脚离地向前移动（形同“小猴爬行”动作），连续重复屈体俯撑移动动作（见图 4–3–10）。

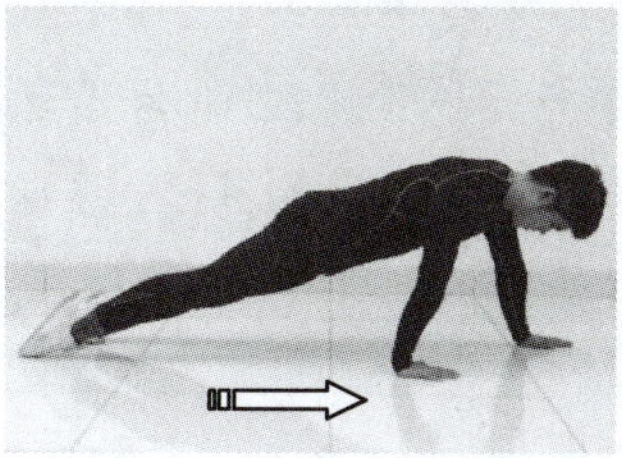
图 4–3–9 俯撑爬行移动

图 4–3–10 屈体俯撑移动（小猴式爬行）

俯卧撑移动（鳄鱼式爬行）：俯卧支撑，左（右）手、右（左）脚（腿屈膝）用力前移，落地时呈俯卧撑姿势，接着右（左）手、左（右）脚（腿屈膝）前移，支撑腿蹬直（形如“鳄鱼爬行”动作），连续重复俯卧撑移动动作（见图 4–3–11）。

图 4-3-11　俯卧撑移动（鳄鱼式爬行）

动作要领

俯卧支撑时，臂伸直，五指张开、扒紧地面，重心稍向前移至手臂，用力顶肩撑地，同时腿伸直，前脚掌撑地，腰腹收紧，使脚跟、臀部、腰背部和头部保持在一个水平面（避免塌腰或撅臀）。

支撑移动时，手扒地，肩背和腰发力，四肢协调用力带动身体前移。小猴式爬行和鳄鱼式爬行需要有较好的柔韧和力量基础。

案例五

动作名称

侧跪撑—侧卧撑—侧撑脚移动（小、中、大班）

动作说明

侧跪撑：跪坐。开始后，左（右）手体侧撑地（肩臂与地面垂直），左（右）腿跪立支撑（大腿与地面垂直），右（左）腿向侧伸直、脚点地，左（右）手、左（右）膝、右（左）脚在一横线上，呈侧向跪撑姿势，右（左）手叉腰或上举（见图 4-3-12）。

侧卧撑：先成左（右）侧跪撑姿势，重心侧移至左（右）手，左（右）腿伸直，两脚分开或并拢，呈侧卧支撑姿势，右（左）手叉腰或上举（见图 4-3-13）。

侧撑脚移动（圆规式移动）：侧卧撑，重心侧移至左（右）手支撑，两腿屈膝，收腹提臀，两脚依次向前沿圆周移动。

图 4-3-12　侧跪撑

图 4-3-13　侧卧撑

动作要领

手支撑时，臂伸直与地面垂直，五指张开、扒紧地面，用力顶肩撑地，同时大腿、臀部和腰腹收紧、展髋，使左侧踝、膝、髋至肩保持在一个平面上，身体控制稳定。

案例 六

动作名称

仰撑—仰撑举腿平衡—屈膝仰撑移动（小、中、大班）

动作说明

仰撑：屈膝坐撑。开始后，右（左）腿向前伸直，左（右）腿屈膝支撑，收腹夹臀，髋向上顶起，呈屈膝仰卧、单脚支撑姿势（见图 4–3–14）；左（右）腿伸直与右（左）腿并拢或分腿，脚后跟支撑用力，呈仰卧支撑姿势（见图 4–3–15）。

仰撑举腿平衡：并腿仰卧支撑，右（左）腿向上抬起，同时收腹顶髋，身体接近水平，立颈、头向前看（见图 4–3–16）。

屈膝仰撑移动（蝎子爬行）：屈膝坐撑，两脚与肩同宽；收腹夹臀，髋向上顶起呈屈膝仰撑姿势，接着收腹提臀、顶肩用力，右（左）脚、左（右）手同步抬起向前移动，随后左（右）脚、右（左）手移动，连续重复屈膝仰撑移动动作（见图 4–3–17）。屈膝仰撑移动还可以向后移动、向侧移动，逐渐增加爬行移动的难度。

图 4–3–14　屈膝仰撑

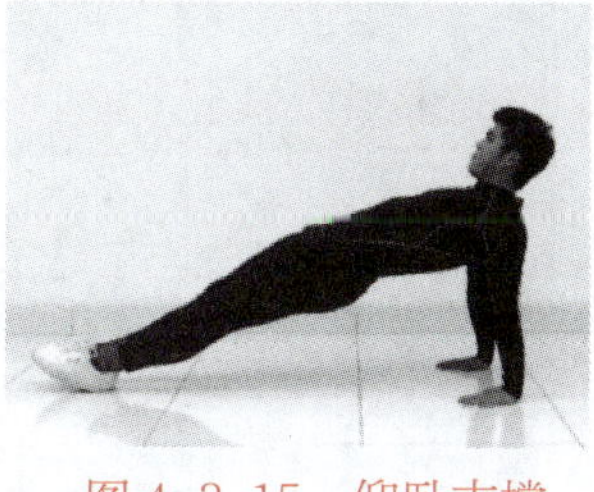

图 4–3–15　仰卧支撑

图 4–3–16　仰撑举腿

图 4–3–17　屈膝仰撑移动（蝎子爬）

动作要领

仰卧支撑时，双臂伸直、五指分开撑地，顶肩、收腹、立腰、提臀，下颌微收、抬头目视腹部，使肩、髋、膝保持在同一平面上。

仰卧移动时，五指分开扒地，顶肩推手、收腹顶髋的同时脚用力，带动身体前移，上下肢协调移动。

四、幼儿垫上支撑组合案例

音乐建议

《bar bar bar 2.0》

演示视频

案例一

组合名称

坐撑＋肩背支撑

动作说明

预备姿势：直角坐立（见图4–3–18），两手体后侧撑地。

➢ 第一个八拍

1–4：左腿屈膝（脚尖点于右膝内侧），然后伸直前上举（见图4–3–19、图4–3–20）。

5–8：左腿经屈膝还原。

➢ 第二个八拍

换右脚重复第一个八拍动作。

图4–3–18

图4–3–19

图4–3–20

➢ 第三个八拍

1–4：双腿屈膝，然后伸直前上举（见图4–3–21、图4–3–22）。

5-8：双腿经屈膝还原。

➢ 第四个八拍

重复第三个八拍动作，后 4 拍经屈膝双脚前后点地（见图 4-3-23）。

图 4-3-21

图 4-3-22

图 4-3-23

➢ 第五个八拍

1-4：身体后滚至臀上举、肩背支撑，控制 1 ~ 2 秒（见图 4-3-24）。

5-8：有控制地还原。

➢ 第六个八拍

重复第五个八拍动作，最后 2 拍右腿伸直，呈左腿屈膝坐撑姿势（见图 4-3-25）。

图 4-3-24

图 4-3-25

案例二

组合名称

仰撑 + 侧撑组合

动作说明

➢ 第七个八拍

1-4：髋部抬起至水平，呈左腿屈膝仰卧支撑姿势（见图 4-3-26）。

5–8：臀部有控制地下落。

➢ 第八个八拍

同第七个八拍动作，最后 2 拍还原成屈膝（右脚在前）坐撑姿势（见图 4–3–27）。

图 4–3–26

图 4–3–27

➢ 第九个八拍

1–8：侧撑脚移动，即重心侧移至右手支撑（肩臂与地面接近垂直），两腿屈膝，两脚依次向前、沿顺时针做圆规式移动，最后呈跪撑姿势（头向前）（见图 4–3–28、图 4–3–29）。

图 4–3–28

图 4–3–29

➢ 第十个八拍

1–4：左手、左膝向侧撑地，同时右腿伸直、右手上举（掌心向前），呈左侧跪撑姿势（见图 4–3–30）。

5–8：还原。

➢ 第十一个八拍

换右侧重复第十个八拍动作，最后 4 拍身体左转，呈屈膝坐立姿势，两脚分开（见图 4–3–31、图 4–3–32）。

图 4-3-30

图 4-3-31

图 4-3-32

案例三

组合名称

仰撑爬行 + 俯撑“结环”组合

动作说明

➢ 第十二个八拍

1-8：臀部抬起至水平，呈屈膝仰撑姿势（见图 4-3-33）。

➢ 第十三个八拍

1-8：保持屈膝仰撑姿势，一拍一动，异侧手、脚同步向前移动，即“蝎子式爬行”移动（见图 4-3-34）。

➢ 第十四个八拍

1-4：躯干右转，同时右臂支撑、左臂上举，呈屈膝单臂仰撑姿势（见图 4-3-35）。

5-8：还原成屈膝仰撑姿势。

➢ 第十五个八拍

重复第十三个八拍动作，向后有节奏地爬行移动。

图 4-3-33

图 4-3-34

图 4-3-35

➢ 第十六个八拍

经屈膝坐立，呈仰卧姿势（见图 4-3-36、图 4-3-37）。

➢ 第十七个八拍

1-4：向右直体翻转 180 度呈俯卧姿势，两臂于体侧屈肘撑地（见图 4-3-38）。

5-8：俯撑体后屈“结环”（见图 4-3-39）。

图 4-3-36

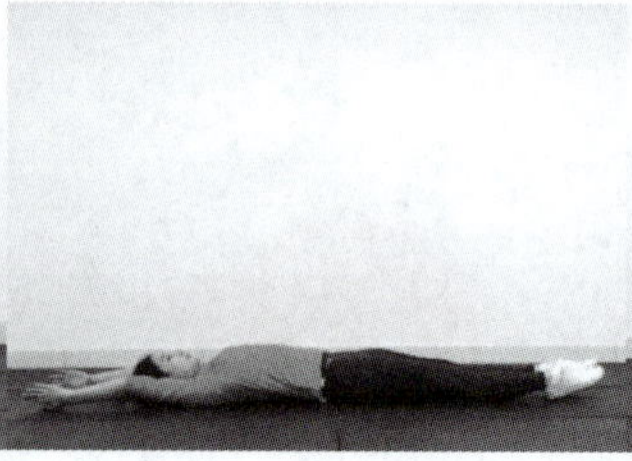

图 4-3-37

图 4-3-38

➢ 第十八个八拍

1-4：躯干立直，同时腿伸直俯卧，两臂体前撑地（见图 4-3-40）。

5-8：左腿屈膝、右手上举，身体稍向左转呈俯撑姿势结束（见图 4-3-41）。

图 4-3-39

图 4-3-40

图 4-3-41

第四节　幼儿垫上拉伸运动

一、幼儿垫上拉伸运动的概念

垫上拉伸运动是指降低身体重心，在垫上完成的伸展拉伸练习，它是发展幼儿柔韧素质，提高幼儿下肢、躯干柔韧性以及协调性和平衡能力的最有效方法，对幼儿形成正确的身体姿势以及避免运动损伤具有积极的作用。

幼儿拉伸练习分为动力性拉伸和静力性拉伸两种。动力性拉伸是指有节奏地对身体某部位反复做牵拉性或伸展性动作练习，拉伸与放松交替，如按照一定的节拍，有节奏地完成扩胸震动练习。静力性拉伸是指当身体某部位的肌肉、韧带被拉长到一定程度时，保持静止不动，使被拉伸部位的肌肉、韧带等软组织持续地被拉长，然后再放松，如坐位体前屈抱腿、劈叉、下桥等大幅度拉伸练习。一般情况下，动力性拉伸练习与静力性拉伸练习应结合进行。

幼儿在掌握单个拉伸练习的基础上，可以在音乐的伴奏下，进行伸展拉伸组合练习，即将下肢和躯干各部位的拉伸基本动作，按照一定的动作顺序和节拍节奏，通过合理的过渡衔接，形成一系列拉伸动作联合。

二、幼儿垫上拉伸运动指导建议

1. 教师可根据不同年龄段幼儿的动作和身体素质发展特点，设计不同形式、不同幅度和难度的拉伸练习。一般来说，幼儿拉伸练习应以动力性拉伸为主，同时结合适当的大幅度静力性拉伸，如横叉、纵叉、俯卧体后屈结环等。

2. 指导幼儿练习应循序渐进，幅度和力度由小到大，速度由慢到快，逐步提高动作要求。练习可采取不同方式，一般采取个人拉伸、双人配合拉伸和在教师助力下拉伸的方式练习。教师在给予幼儿助力性帮助时，应注意观察幼儿被拉伸部位的动作是否正确。

3. 及时指导幼儿按照正确的拉伸要领和身体姿势（下肢和躯干）的控制要领完成练习，提升练习效果。

4. 指导幼儿在适宜的音乐伴奏下进行拉伸练习，练习时教师应以准确优美的示范和形象的语言，引导幼儿在伸展拉伸的同时，关注动作美、姿势美和音乐美，以使幼儿在发展柔韧素质的同时，提高身体动作的美感和表现力。

5. 为了提高幼儿拉伸练习的积极性和团队意识，可以运用游戏的形式进行练习。例如，在“最长绳子”游戏中，将幼儿随机分为 2 ~ 3 组，让每组的幼儿以纵叉或横叉的姿势脚挨脚，连接成一条“绳子”，“绳子”最长的组为胜方。这样，幼儿在愉快的游戏中不知不觉地就进行了拉伸练习。

6. 幼儿时期是柔韧素质发展的敏感期，拉伸练习可对幼儿柔韧性发展起到显著效果，但如果平时缺乏练习，也会随着年龄增长出现消弱现象。因此，拉伸练习要持之以恒，坚持每天练习。教师可通过布置家庭作业或通过测评检验进度等方式，引导家园结合，积极发展幼儿柔韧素质。

三、幼儿垫上拉伸动作案例

案例一

动作名称

脚背伸展拉伸

动作说明

跪坐脚背拉伸：跪坐于脚后跟上，膝盖向上缓慢抬起，伸展拉伸脚背，控制 6 ~ 10 秒然后放松（见图 4-4-1）。

勾、绷脚伸展：直角坐立，两腿并拢绷直。左（右）脚向上勾起至垂直，同时右（左）脚脚背用力绷直，然后绷直左（右）脚、勾右（左）脚，左、右脚交替进行勾、绷练习（见图 4-4-2）。也可以坐撑前举腿，完成勾、绷脚伸展练习（见图 4-4-3）。

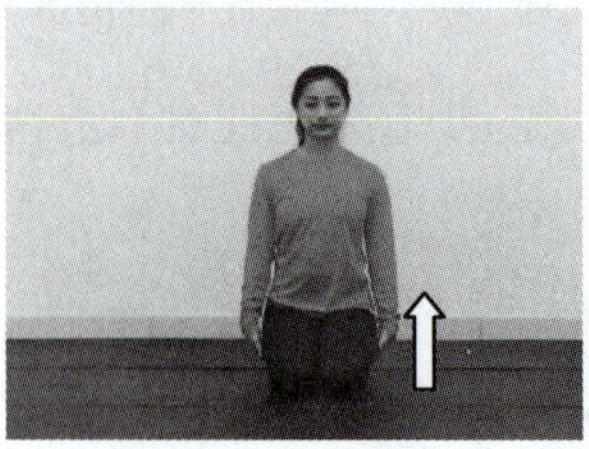

图 4-4-1　跪坐脚背拉伸

图 4-4-2　勾、绷脚伸展

图 4-4-3　举腿勾、绷脚伸展

动作要领

勾、绷脚动作匀速、缓慢。勾脚时，脚跟用力前伸。绷脚时，脚尖用力下压、脚背完全伸展，同时腿绷直、收腹立腰，眼看脚。

案例 二

动作名称

体前屈下肢伸展拉伸

动作说明

坐位体前屈拉伸：直角坐立，躯干伸直前屈至手触脚背（见图 4–4–4），然后身体立直。

半劈叉拉伸：右（左）肩向前，左（右）腿向前伸直，右（左）腿向后屈膝折叠（腿内侧贴地面，脚背绷直），右（左）手上举。躯干伸直前屈至胸腹贴近腿，异侧手扶脚背，静力性或动力性拉伸大腿后部肌群韧带（见图 4–4–5），然后躯干直立，多次重复练习。

图 4–4–4　坐位体前屈

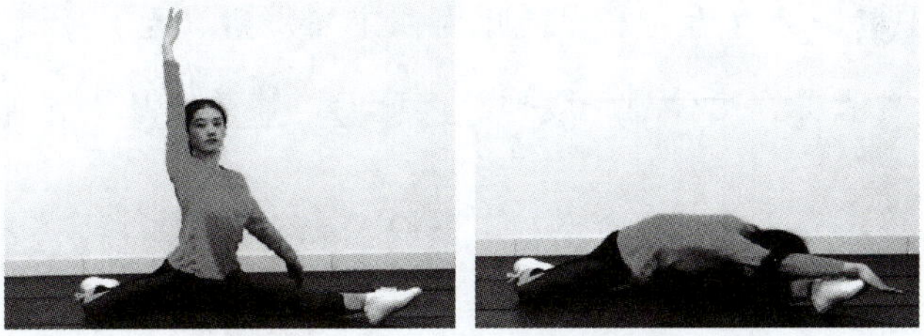

图 4–4–5　半劈叉拉伸

动作要领

躯干向前屈时，腰推动躯干前压，胸找膝盖、头够脚踝、手触脚背（膝盖伸直）。回位时，颈稍放松，躯干匀速而有控制地直立还原。

案例 三

动作名称

体侧屈下肢伸展拉伸

动作说明

盘腿坐，两手握住脚踝或膝关节，膝关节用力外展、下压，静力性或动力性拉伸大腿内侧肌群（见图 4–4–6）。

面向前分腿呈横叉坐立姿势，左（右）手放于体前，右（左）臂上举，躯干向左（右）侧屈，静力性或动力性拉伸大腿内侧肌群（见图 4-4-7），左、右侧交替练习。

面向前分腿呈横叉坐立姿势，躯干向前屈伸、腹部贴地，两手体前屈肘撑地，静力性或动力性拉伸大腿内侧肌群（见图 4-4-8）。

图 4-4-6　盘腿拉伸

图 4-4-7　横叉拉伸 1

图 4-4-8　横叉拉伸 2

动作要领

身体向左（右）侧屈拉伸时，腰推动躯干向侧屈，同时右（左）肩带动躯干稍向右（左）转，左（右）肩靠近膝内侧下压，右（左）手接近脚背，膝盖伸直。躯干前屈时，躯干伸直并向远伸展，腹部贴近地面，膝盖下压、腿伸直。

案例四

动作名称

踢腿伸展拉伸

动作说明

仰卧前踢腿：仰卧，两腿并拢伸直，两臂向侧贴垫（掌心向下）。左（右）腿以胯为轴向上踢起至 90 度以上位置，然后有控制地落下还原（见图 4-4-9），连续完成多次踢腿练习，左、右腿交替练习。

图 4-4-9　前踢腿

侧卧侧踢腿：右（左）侧卧，双腿并拢伸直、展髋，左侧踝、膝、髋至肩保持在一个平面上，左（右）臂胸前屈肘撑地。左（右）腿伸直向上踢起至90度以上位置，脚背、膝盖面向左（右）耳，然后腿有控制地落下还原（见图4–4–10），连续完成多次踢腿练习，左、右腿交替练习。

跪撑后踢腿：跪撑，右（左）膝跪撑（脚背绷直贴垫），左（右）腿向后上方踢腿，同时抬头挺胸，然后有控制地落下还原（见图4–4–11），连续完成多次踢腿练习，左、右腿交替练习。

图4–4–10　侧踢腿

图4–4–11　后踢腿

动作要领

向前、向侧踢腿时，大腿、腰腹发力，脚背带动腿快速踢起，空中腿绷直外展、脚背向上。腿下落时，脚带动腿向远伸展并有控制地下落。

跪撑后踢腿时，大腿、臀部和腰腹收紧，协同发力，腿向后上方伸直踢起，腿踢起时加速并向远伸展，同时跪撑的脚面用力压垫，重心稍前移，身体保持平衡。

案例五

动作名称

躯干伸展拉伸

动作说明

跪立体后屈：分腿跪立，脚稍向外展，小腿与大腿保持90度。躯干逐渐后屈，同时向前顶髋（大腿立直），头颈、肩胸、腰依次向后弯曲至“拱桥”状，双臂夹耳、手扶踝关节外侧（见图4–4–12）。还原时，腿、髋、腰向前上方顶起，躯干立直还原。

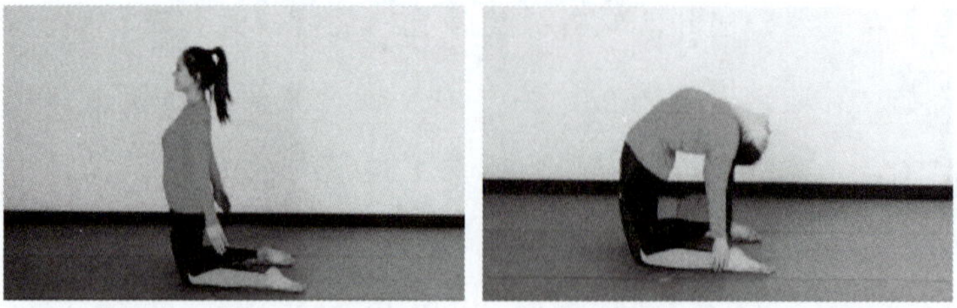

图 4-4-12　跪立体后屈

俯卧结环：俯卧，直臂支撑抬起上身、头后仰，两腿屈膝抬小腿，同时躯干尽力后屈，使头接近双脚，形成“结环”姿势（见图 4-4-13），控制 8 ~ 12 秒，然后有控制地还原。柔韧性较好的幼儿可以用手抓住脚踝，腹部支撑，背肌向内收缩，头、脚相向抬起呈“结环”姿势。

图 4-4-13　俯卧结环

仰卧推起成桥：仰卧，双腿屈膝，双脚分开撑地，同时双臂屈肘，手在耳侧撑地（五指分开、手指对脚、肘关节翻向上）。四肢同时用力，臀部向上顶起，同时双腿、双臂顺势顶直，形成“拱桥”姿势（见图 4-4-14），控制 8 ~ 12 秒，然后低头、屈肘、屈膝，肩背、腰臀依次落地，躯干伸直还原成仰卧姿势。

图 4-4-14　仰卧推起成桥

动作要领

跪立体后屈时，头颈、肩胸、腰依次向后弯曲至“拱桥”姿势，同时向前顶髋，小腿和脚面下压并扒紧地面，保持身体平衡。还原时，腿、髋、腰向前上方用力顶起，躯干直立。

俯卧体后屈结环时，直臂支撑，屈膝抬小腿，头、脚两头尽力向内收缩，保持俯卧后屈“结环”姿势。

仰卧推起成桥时，以仰卧开始，依次按照“双脚支撑、双手耳侧撑地（手指对脚，肘向上）、手脚用力、顶髋起臀、抬头”的顺序，推起成“桥”（肩臂与地面垂直）。然后，按照“低头、屈肘、屈膝，肩背、腰臀依次落地”的顺序还原成仰卧姿势。

四、幼儿垫上拉伸组合案例

演示视频

音乐建议

《你笑起来真好看》（伴奏版）或《斓 – 千坂》

案例一

组合名称

下肢拉伸组合

动作说明

预备姿势：右肩向前直腿坐立，两手于体侧触地（见图 4–4–15）。

➢ 第一个八拍

1–8：坐位体前屈同时两臂经后向前绕至手扶脚背，控制不动（见图 4–4–16）。

➢ 第二个八拍

1–4：上身直立同时向右转 90 度，右腿屈膝、脚尖点地，两臂摆至侧上举（见图 4–4–17）。

5–8：回到预备姿势。

➢ 第三、第四个八拍

重复第一、第二个八拍动作，坐立时体转方向相反。

图 4–4–15

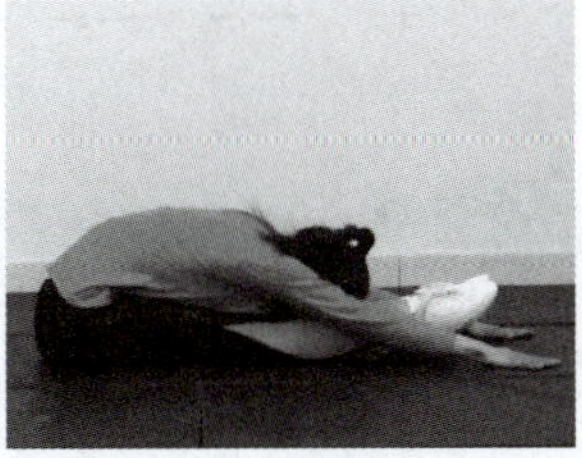

图 4–4–16

图 4–4–17

➢ 第五个八拍

1–8：右腿向侧打开，面向前呈分腿横叉坐立姿势，两臂侧平举（见图 4–4–18）。

➢ 第六个八拍

1–6：身体向左侧屈，拉伸大腿内侧韧带，同时右手靠近脚背，左手前伸（见图 4–4–19）。

7–8：身体直立还原。

➢ 第七个八拍

重复第六个八拍，方向相反。

➢ 第八个八拍

1–6：体前屈趴地，拉伸腿内侧韧带，双手前伸（见图 4–4–20）。

7–8：身体直立还原。

➢ 第九个八拍

1–8：体前屈，屈肘双手撑地，躯干连续下压、抬起（两拍一动），动力性拉伸腿内侧肌肉韧带（见图 4–4–21）。

图 4–4–18

图 4–4–19

图 4–4–20

➢ 第十个八拍

1–8：屈肘撑地，由左手开始，依次向前爬行 4 次，体前屈拉伸大腿（见图 4–4–22）。

➢ 第十一、第十二个八拍

重复第九、第十个八拍动作。

➢ 第十三个八拍

1–4：身体直立，双手体侧点地。

5–8：右腿向后屈膝，身体稍向左转，面对左脚呈半劈叉坐立姿势，右臂上举（掌心向内）（见图 4–4–23）。

图 4–4–21

图 4–4–22

图 4–4–23

➢ 第十四个八拍

1–4：体前屈拉伸左腿，右手扶左脚，左手扶地（见图 4–4–24）。

5–8：身体直立。

➢ 第十五、第十六个八拍

重复第十四个八拍拉伸动作。

➢ 第十七至第二十个八拍

重复第十三至第十六个八拍动作，方向相反（见图 4–4–25），呈半劈叉坐立姿势结束。

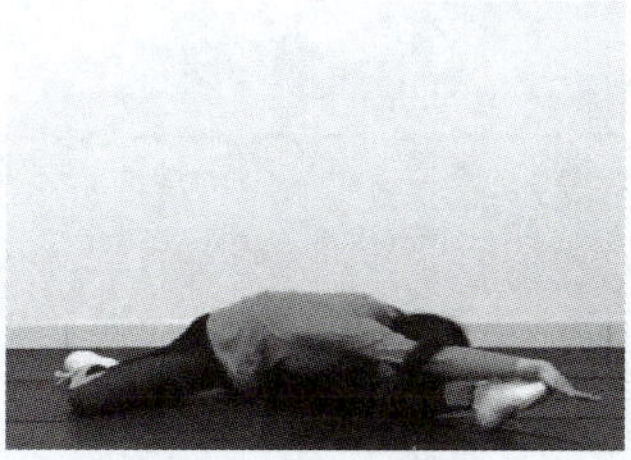

图 4–4–24

图 4–4–25

案例二

组合名称

下肢踢腿组合

动作说明

➢ 第二十一个八拍

1–8：左腿并右腿，上身向后平躺呈仰卧姿势（见图 4–4–26）。

➢ 第二十二个八拍

1–8：左腿向上连续前踢腿 2 次，两拍一动（见图 4–4–27）。

➢ 第二十三个八拍

换右脚重复第二十二个八拍动作。

图 4–4–26

图 4–4–27

➢ 第二十四个八拍

1–8：身体向左翻转呈左侧卧姿势（面向前）。

➢ 第二十五个八拍

1–8：右腿向上连续侧踢腿 2 次，两拍一动（见图 4–4–28）。

➢ 第二十六个八拍

1–8：身体向右翻转呈右侧卧姿势（背对前）。

➢ 第二十七个八拍

1–8：左腿向上连续侧踢腿 2 次，两拍一动（见图 4–4–29）。

图 4–4–28

图 4–4–29

➢ 第二十八个八拍

1–8：屈膝收腿，手支撑抬上身呈跪撑姿势（左膝向腹部抬起）（见图 4–4–30）。

➢ 第二十九个八拍

1–4：左腿向上连续后踢腿 2 次，两拍一动（见图 4–4–31）。

➢ 第三十个八拍

换右腿重复第二十九个八拍动作，最后一拍呈跪撑姿势结束（见图 4–4–32）。

图 4–4–30

图 4–4–31

图 4–4–32

案例三

组合名称

躯干拉伸组合

动作说明

预备姿势：分腿跪立（左肩向前），双臂放于体侧（见图 4–4–33）。

➢ 第一个八拍

1–8：躯干后屈呈跪立下桥姿势，双手扶（握住）踝关节（见图 4–4–34）。

图 4–4–33

图 4–4–34

➢ 第二个八拍

1–8：躯干抬起经跪立呈俯卧姿势，两手前伸、掌指扶地（见图 4–4–35）。

➢ 第三个八拍

1–8：直臂支撑抬上身同时双腿屈膝，呈体后屈结环姿势（见图 4–4–36）。

➢ 第四个八拍

1–4：身体展直呈俯卧姿势。

5–8：身体向右翻转 180 度呈仰卧姿势，两臂上举（见图 4–4–37）。

图 4–4–35

图 4–4–36

图 4–4–37

➢ 第五个八拍

1–4：分腿屈膝脚撑地，双臂屈肘，双手于耳侧撑地（五指分开，手指对脚）（见图 4–4–38）。

5–8：接着顶髋、四肢用力推起成“桥”（见图 4–4–39）。

➢ 第六个八拍

控制“下桥”姿势不动。

图 4–4–38

图 4–4–39

➢ 第七个八拍

1–4：屈腿、屈肘，肩、背依次落地（见图 4–4–40）。

图 4–4–40

5–8：身体伸直呈仰卧姿势，两臂上举（见图 4–4–41）。

➢ 第八个八拍

1–4：双腿屈膝，同时仰卧起坐呈坐立姿势（见图 4–4–42）。

5–8：身体向右转同时两臂摆至侧上举，右脚屈膝点地结束（见图 4–4–43）。

图 4–4–41

图 4–4–42

图 4–4–43

思考 · 练习

1. 幼儿垫上运动分为哪几类?

2. 请就垫上翻滚运动的某一个动作，简述其动作要领和指导方法。

3. 试创编 1 套由 4 ～ 6 个单个动作组成的垫上支撑或拉伸动作组合，并就创编案例谈谈你的设计思路。

第五章 幼儿户外器械活动设计与指导

学习目标

- 了解幼儿户外器械的结构和特点
- 掌握幼儿户外器械活动的基本方法
- 具有指导幼儿进行户外器械活动锻炼的能力

第一节 幼儿户外器械活动概述

一、幼儿户外器械活动的概念

幼儿户外器械活动是幼儿体育教育活动的主要内容之一，是指幼儿在较大型的固定性或移动性器械上锻炼身体的活动。

教育部颁布的《幼儿园工作规程》第三十五条规定："幼儿园应当有与其规模相适应的户外活动场地，配备必要的游戏和体育活动设施。"因此，为保证幼儿有较充足的活动空间和运动资源，幼儿园均配备或设置有供幼儿活动和锻炼用的器械，如攀登架、肋木、滑梯、秋千、蹦床以及可移动的滑板车、三轮车等。幼儿在户外器械上可以完成攀爬、悬垂、摆荡、腾空、快速滑行等丰富多样的运动，这些运动对于幼儿来说既有新奇感，又富有挑战性，不仅对幼儿空间认知能力、平衡能力以及四肢力量和协调性的发展产生积极影响，同时可以培养幼儿勇敢、自信和专注等优良品质，还能增添幼儿在园中的生活乐趣。

二、幼儿户外器械活动的分类

不同的器械有其不同的结构和功能。根据结构和性能的不同，可以将幼儿户外器械活动分为两大类，具体见表 5–1–1。

表 5–1–1　　幼儿户外器械活动的分类

分类	器械活动
固定性器械活动	1. 在攀登架、攀网、肋木、云梯、攀岩墙、联合运动器械等器械上完成的攀爬、悬垂、支撑、旋转等运动 2. 滑滑梯、荡秋千、蹦蹦床等运动 3. 在单杠、双杠、平衡木等体操器械上完成的悬垂、支撑、摆越、翻转等运动
移动性器械活动	1. 滑滑板车运动 2. 骑（推）小车运动

三、幼儿户外器械活动设计建议

幼儿园里设置的每一种运动器械都有其各自不同的结构和功能，这决定了器械的锻炼内容和活动方式。只有了解了各种器械的基本结构和功能，才能有针对性地设计出具有一定锻炼价值的练习方法。如幼儿攀登架或肋木，一般为木质、多横杠结构，幼儿在器械上可以通过悬垂、手脚攀登、上下移动、改变人体空间位置等方式发展体能，达到锻炼目的。又如幼儿低平衡木，因其是一个 2 米多长、横木悬空、支撑稳定、由薄毯包裹木面的长条形木制器械，所以，幼儿在木面上可以完成来回行走、跑动、转体或从木的上下钻爬等练习。

幼儿器械活动内容丰富、各具特色，练习方式也多种多样，不同的练习方式会对幼儿产生不同的作用和影响。在设计各种器械活动的练习方式时，可以针对同一个运动器械设计单个动作、组合动作或游戏等不同的练习形式，也可以将多种不同的运动器械合理有效地联合起来，如将平衡木—攀登架—滑滑板车联合，并通过游戏的方式，使幼儿在愉快有趣的器械活动实践中获得全面锻炼和发展。

四、幼儿户外器械活动指导建议

为充分发挥各项器械的健身功能，调动幼儿参加器械活动的积极性，促进幼儿自我保护意识和能力的提升，在组织幼儿进行器械活动时，教师应给予幼儿必要的指导和帮助，引导幼儿运用正确的练习方法积极锻炼，培养幼儿的规范行为和安全防范意识，让幼儿安全、有效地进行锻炼和娱乐。在组织和指导幼儿进行户外器械活动时，具体应注意做好以下几个方面。

1. 做好安全检查工作

在活动前，首先应对器械进行常规的安全检查。对于固定性器械，应进行牢靠程度与稳定性检查；对于非固定性器械，应注意器械活动之间的距离、器械活动的方向路线以及器械活动的散射状态等是否符合相应人数运动的需要。其次，应检查场地的占用情况或活动范围是否会与周边幼儿的活动范围发生冲突等。最后，应检查幼儿的着装，如幼儿的服装是否容易被器械挂住、裤子是否限制抬腿、鞋是否适合攀爬和运动等。

2. 做好组织工作

滑梯、浪船、攀网、肋木等大型活动器械，是幼儿比较喜爱也是接触最多的户外大型活动器械。因天性使然，幼儿一般会迫不及待地上器械活动。因此，教师应注意组织幼儿按照秩序排队或轮流使用器械，避免打闹、拉拽和拥挤，遵守游戏规则和活动规范，保证活动安全、有序地进行。

3. 做好准备活动

准备活动包括心理准备和身体准备。在心理方面，幼儿非常喜爱器械活动，但幼儿之间存在明显的个体差异。对于活泼、胆大、好胜心和表现欲强的幼儿，需及时对其提示注意事项并提出活动要求；而对于胆怯、内向、运动能力弱的幼儿，则需要对其提示正确的练习方法，并适时鼓励，使其在心理上有所准备。在身体方面，可以指导幼儿采用关节屈伸律动、踏步、慢跑、做热身操、做徒手模仿器械活动等方法，做好活动前的身体准备，尤其是在寒冷的冬季，必须做好热身活动。

4. 指导幼儿按照正确的方法活动

首先，在幼儿上器械之前，教师应以示范结合简明的讲解，让幼儿掌握器械活动的基本技术和技能，如上、下器械的方法，抓握器械的手形、位置，攀登器械时手脚移动或用力的顺序、脚踩的方位等，帮助幼儿掌握正确的攀爬方法；其次，在指导幼儿进行器械活动的过程中，不应只用“小心别摔了”“慢点儿”“站稳”等笼统、模糊的语言提示，应给予幼儿具体而明确的关于活动方法和要领的指导，如“脚先下、踩稳，手再移动”“落地要屈膝、半蹲”“手用力抓紧、向前/向后/向左/向右移动”等具有明确技术方法提示的语言；最后，采用动作示范与语言提示相结合的方式，引导幼儿建立正确的动作意识，养成按照正确方法活动的习惯。

5. 注重保护与帮助方法，培养幼儿自我保护能力

当幼儿感到动作有一定难度而缺乏信心或产生害怕心理时，教师及时的保护与帮助将对幼儿产生良好的安慰和激励作用。对幼儿保护与帮助的方法一般有：①及时做出保护动作，包括托、扶、接、抱等，保护时要有一定的预见性；②适时给予语言提示和鼓励，如“脚用力、踩稳、向前/左/右、松手、看脚、真棒、真勇敢”等；③培养幼儿自我保护意识，告诫幼儿不要超出能力活动，使其明确哪些动作能做或不能做，并教给幼儿基本的自我保护方法，如“顺势团身倒地，屈肘收手护头，避免直臂用力支撑”等；④幼儿在疲劳或过度兴奋时易出现动作失误而导致受伤，这时教师应加强语言提示，控制好活动量与活动难度，必要时可以停止活动。

6. 关注个体差异，提高运动效率

幼儿在兴趣、爱好、能力及动作水平等方面存在一定的差异。对于活动能力强的幼儿，教师可以指导其做一些新颖的或难度稍大的运动；对于运动能力弱、较胆小的幼儿，教师可以变换方式或降低活动难度，多给予幼儿鼓励、保护和帮助，以增强其练习的信心。此外，在组织方面，可以让能力强的幼儿和能力弱的幼儿结伴运动，通过带动作用提高运动效率。

第二节　幼儿户外固定性器械活动

一、攀登架和肋木活动

攀登架和肋木是幼儿园中最常见的、有效发展幼儿运动技能和心理素质的综合性运动器械。根据攀登架和肋木的结构特点，其活动内容主要包括四肢上下攀登移动以及悬垂、摆动、支撑、水平移动等练习。攀登架和肋木活动对发展幼儿握力，增强上肢和躯干力量，提高幼儿注意力、空间知觉，培养勇敢、自信品质等均具有特殊作用。

1. 攀登架和肋木活动指导建议

（1）幼儿做攀爬活动时，应注意安全教育。尤其对于相对淘气的幼儿，应提醒其集中注意力，不能随意从器械上往下跳。对于小班幼儿或体质较弱的幼儿，教师需要给予其保护、帮助和鼓励。

（2）在攀登过程中，教师应随时提醒幼儿按照正确的攀登方法和要领练习，并提示幼儿“注意力集中、手抓牢、脚踩稳”等。必要时可以用双手轻托幼儿的臀腰部位。对于较小或运动能力较弱的幼儿，当他们爬到一定高度时，教师也可以随幼儿上攀，让幼儿的部分身体保持在教师的两臂之间，加强保护，给予幼儿信心与勇气。

（3）在指导幼儿攀登活动时，教师应适时给予正确、直观的动作示范，并结合语言提示，帮助幼儿有效、安全地进行活动。

2. 攀登架和肋木活动案例

案例一

活动名称

握木蹲伸

活动方法

（1）幼儿面对肋木站立，双手抓握住肩上方的一格横木，双脚蹬在齐膝高的另一格横木上，呈半蹲的姿势。然后两臂用力上拉引体，两腿蹬直站立，连续做下蹲—直立练习 8 ~ 10 次，共做 2 ~ 3 组。

（2）幼儿面对肋木，双手握木，双脚蹬木。两手按格依次向下移动，同时双腿屈膝（脚踩稳肋木不动），双手接近双脚，呈全蹲姿势，然后两手再按格依次向上移动，同时逐渐伸直腿站立。连续练习 8 ~ 10 次，共做 2 ~ 3 组。

活动提示

两手握紧横木，两脚脚腰踩木，目视肋木。腿屈伸时，两腿用力、腹部收紧、两脚踩实。必要时教师双手轻托幼儿的臀腰部位，并提示幼儿“手脚同时用力”“手抓牢”。蹲起时注意身体沿垂直线做上下运动，避免身体前屈、提臀、低头等。活动中可以组织幼儿按照音乐节拍，集体练习蹲起运动。运动后注意手腕和上肢的放松练习。

案例二

活动名称

四肢上下攀登

活动方法

（1）幼儿面对攀登架，双手握横木，双手和双脚依次并进，按格沿直线上下攀登。

（2）由肋木的左端开始，双手和双脚依次并进，按格沿斜线向上攀登后，接着斜进向下攀登至架的另一端。

活动提示

攀爬肋木时，注意双手握紧横木（双手虎口合紧，手指和前臂用力），双脚踩实，吸气、腹部收紧，身体与肋木成垂直线，手脚交替并用，目视前方。

案例三

活动名称

勇攀高峰游戏

活动方法

在干净、平坦的场地上，分别划边线长为 2 ~ 3 米和 8 ~ 10 米的里、外两个正方形。在内部正方形的四边直线各摆放一个肋梯（共 4 架肋梯，当作“珠穆朗玛峰”），并在 4 架肋梯上各插一面小红旗。外部正方形的边线为起点线。

将幼儿分成人数相等的 4 个组，分别站在起点线后。当听到“预备开始”的口令后，各组排头的幼儿跑到肋梯处，攀上肋梯，举旗挥动并放回原处，下梯按照原路跑回本组，拍击第二个幼儿的手后站在队尾，后面的幼儿以同样的方法依次进行，以最后一个幼儿先返回到起点线的组为胜方。

活动提示

攀爬肋木时手、脚依次向上移动，脚、手依次向下移动，目视肋木。身体稳定后再拔旗。摇旗时，另一手抓紧或手臂抱紧肋木。必须在幼儿熟练掌握上下攀登技巧的基础上再组织攀登游戏活动。重点提示幼儿按照正确的攀登方法游戏，注意安全。

案例四

活动名称

握木悬垂举腿

活动方法

（1）幼儿背靠肋木，双手握住头上横木呈悬垂姿势。向上屈膝，大腿抬至水平，然后有控制地还原，以 6 ~ 10 次为一组，连续做 2 ~ 3 组。

（2）幼儿背靠肋木，双手握住头上横木呈悬垂姿势。双腿并拢向上抬至水平，呈直角举腿姿势，然后有控制地还原，以 4 ~ 8 次为一组，连续做 2 ~ 3 组。

活动提示

悬垂举腿时两手握紧肋木，手、肩背和腹肌用力，同时用力举起腿，然后腿有控制地下落还原。对于腹肌力量较弱的幼儿，教师一只手轻托幼儿臀部，另一只手托住幼儿双踝，帮助幼儿完成直角举腿练习。随着幼儿运动能力的增强，教师可以变换多种举腿方法，引导幼儿练习，如直膝高举腿（腿举至垂直位）、举腿绕环、脚踝夹物举腿、脚踝带沙袋举腿等。

案例五

活动名称

握木伸展

活动方法

（1）面对肋木开立，两手握横木，两臂伸直，体前屈拉伸肩、胸（两拍一动，动力性拉伸练习与静力性拉伸练习结合）。

（2）左（右）肩侧对肋木开立，左（右）手握木，臂伸直，右（左）手上举，身体向左（右）侧屈，逐渐拉伸侧腰（动力性拉伸练习与静力性拉伸练习结合）。

（3）面对肋木，双手体前握木，双脚提踵站立（并腿或分腿）。身体后屈下桥，腿伸直。控制 6 ~ 8 秒，然后直立，及时放松手腕和手臂。

（4）左（右）肩侧对肋木站立，左（右）手握木，向前踢腿练习；面对肋木，双手握木，分别做向侧、向后踢腿练习。左、右腿交替练习。

活动提示

握木拉伸练习时，五指分开在横木上方握住（掌心向下），手指用力，吸气收腹，腿开立，用力拉伸肩胸和侧腰。握木身体后仰展体时，腿贴近肋木，身体重心在两腿之间，躯干充分后屈，腰胯向上顶、向后伸展，抬头目视后方（动力性拉伸练习与静力性拉伸练习结合）。

二、滑梯活动

在幼儿园中，滑梯是最具广泛性和传统性的一种户外器械，深受幼儿喜爱。随着时代与科技的发展，滑梯的结构更加新颖、科学、安全和美观，功能更多，锻炼价值也更大。幼儿园中常见的滑梯有直板滑梯、波浪形板滑梯等。不同形式的滑滑梯练习，可以改善幼儿前庭器官功能，提高其动态平衡能力，同时有效增强肌肉力量，培养勇敢精神。3 ~ 6 岁的幼儿已经基本掌握了上下滑梯和滑行动作，对于这一时期的幼儿，教师可以有意识地教给其更多的活动方式，以增添活动乐趣，提高幼儿运动能力。

1. 滑梯活动指导建议

（1）注意安全教育，培养勇敢精神。对于年龄小或初次滑滑梯的幼儿，教师可以通过鼓励或保护，消除其恐惧心理。

（2）滑滑梯时要求幼儿按照顺序滑行，并且提示幼儿滑板下面有人时不能下滑。幼儿在滑梯活动中容易因兴奋而忽视安全，教师需随时提醒幼儿遵守纪律。

（3）滑滑梯前要做好准备活动，如腕指活动、下肢柔韧活动等。此外，滑滑梯时还要注意着装，要求幼儿穿着合身的运动装、运动鞋。

2. 滑梯活动案例

案例一

活动名称

顺梯滑行

活动方法

坐立滑行：幼儿双手握住滑梯两侧呈分腿坐立，脚并拢或蹬住滑梯两侧。松手、松脚，身体稍前倾，使身体随惯性快速下滑。在下滑过程中，用手和脚控制滑行速度。当幼儿熟练掌握滑滑梯技巧后，双手可以离开滑梯，加大滑行速度（见图 5-2-1）。

图 5-2-1 滑滑梯

卧位滑行：幼儿双手握住滑梯两侧呈俯卧姿势，脚蹬住滑梯两侧。松手、松脚，身体下滑。在下滑过程中，头向上抬离滑板，用手和脚控制滑行速度。以同样的方法仰卧滑滑梯，下滑过程中用脚控制滑行速度。当幼儿熟练掌握滑滑梯技巧后，双手可以离开滑梯，加大滑行速度。

活动提示

坐立滑行前做好滑滑梯的准备姿势，掌握滑行过程中手、脚用力控制滑行速度的要领，滑行中收腹立腰，身体保持平衡。俯卧或仰卧滑滑梯时，注意保护好头颈部位，不提倡幼儿头向下滑滑梯，以避免磕碰。

案例二

活动名称

知难而上攀登滑行

活动方法

幼儿从滑梯的下方开始，双手抓住滑梯、两腿蹬住滑梯两侧，手、脚依次向上移动至滑梯顶部，然后松手、松脚，俯卧滑下滑梯。在下滑过程中，用手和脚控制滑行速度。

活动提示

手握紧滑梯边沿，脚蹬住滑梯两侧后，开始向上攀登。攀登时手指和肩臂主动用力，向上引体，同时收腹、立腰，身体保持平衡，四肢协调用力向上攀登。向下滑行过程中，手、脚用力控制滑行速度。攀登结合滑滑梯练习适合大班幼儿练习，小班幼儿臂力和身体协调性发展尚弱，不宜进行该练习。

三、蹦床活动

蹦床活动是一项深受幼儿喜爱的、具有独特锻炼价值的运动。由于蹦床具有弹性、韧性，能使幼儿瞬间腾空而起，获得肢体在空中自由屈伸的运动体验，对于发展幼儿下肢踝膝关节力量和身体平衡性、促进心理发展具有积极作用。正常情况下，3 ~ 4 岁的幼儿能较快地学会蹦蹦床的基本动作，进行欢快、自由的活动。

1. 蹦床活动指导建议

（1）指导幼儿在腾空时要立颈，头及上身应稍微前倾，落床网时身体保持一定的紧张度，防止身体松散或头后仰等错误动作。

（2）提示幼儿在落床网摔倒时，不要用手支撑，而应抱体团身。此外，蹦床练习时要集中注意力，不嬉戏打闹。

（3）在幼儿蹦床技术逐渐熟练、动作具有一定稳定性后，可以引导幼儿变换蹦跳姿势，如原地蹦跳、进行式蹦跳、蹦跳转体、蹦起后屈膝收腿或前后分腿、边拍手边蹦跳等，还可以坐姿蹦跳和站姿蹦跳交替进行。

（4）蹦床活动可以在动感、欢快的音乐伴奏下进行。

2. 蹦床活动案例

案例一

活动名称

腾空基本练习——弹起

活动方法

幼儿通过身体下压和两腿蹬伸的作用力，获得床网向上的弹力（反作用力），使身体向上弹起。身体弹起后，收腹立腰、立颈，空中两臂协同保持身体平衡。空中可以变换的姿势如下：

（1）呈“冰棍”直体姿势。

（2）呈分腿展体姿势。

（3）直腿屈髋呈“L”形姿势。

（4）呈小腿向后折叠的展体姿势。

（5）腾起后提臀展体，使身体在空中呈俯卧姿势。

（6）屈膝抬大腿成90度，并保持躯干和大腿垂直。两臂在空中随身体方向摆动，协助身体控制平衡。

活动提示

身体腾起瞬间，注意颈稍前倾、收腹立腰、身体内收夹紧，两臂展开协助身体保持稳定和平衡。身体腾起后，在躯干有控制的情况下，进行分腿、直角举腿、屈膝等不同形式的空中变换姿势练习。

案例二

活动名称

反弹基本练习——下落

活动方法

在蹦床活动中，身体腾空后随重力下落，当脚或身体其他部位触网瞬间，借助床网的反弹作用力，使身体弹起。下落反弹的姿势或方法如下：

（1）自然下落、双脚触网反弹。

（2）直角举腿、屈髋呈“L”形姿势下落，臀部触网反弹腾起。

（3）腾空后，提臀展体呈俯卧姿势，身体落床触网反弹腾起。俯卧姿势落下时两臂屈肘置于体侧，接触蹦床时撑住身体，稍抬头。

活动提示

脚或身体其他部位触网的瞬间，踝关节或躯干要保持一定的紧张度，重心尽量降低，身体向内收紧，并保持平稳，从而有效借助床网的反弹作用力腾起。

四、荡秋千、浪船活动

荡秋千和浪船活动也是深受幼儿喜爱的户外器械活动。荡秋千和浪船活动所产生的摇摆运动，有助于发展幼儿身体的动态平衡能力，因为在摇摆的过程中，要求幼儿及时调整自己身体位置，以保持身体重心的稳定。

1. 荡秋千、浪船活动指导建议

（1）秋千或浪船的启动动作是个难点，应引导幼儿通过多次重复的蹲—蹬动作，并且协调用力来启动秋千或浪船。

（2）当秋千或浪船启动后，应及时提示幼儿正确的用力时机，逐渐加大摆幅，即当秋千或浪船向前上升时，提示幼儿站立，身体借惯性前送；当秋千或浪船回摆下降时，提示幼儿下蹲（缓慢屈膝，减小压力）；当秋千或浪船下降前摆时，提示幼儿顺势用力蹬腿前送，借惯性逐渐增加摆幅。

（3）注意检查场地和器械的安全性，并始终注意秋千和浪船周围幼儿的安全，提醒幼儿不要在摆动的秋千或浪船前后跑动，以免撞伤。

（4）可以在音乐伴奏下进行荡秋千或浪船活动，活动中可以根据幼儿熟练程度逐步增加摆动高度。

2. 秋千、浪船活动案例

案例一

活动名称

坐荡活动

活动方法

幼儿正坐在秋千或浪船上，双手抓牢身体两侧的荡绳，两腿自然下垂。通过下肢蹬伸的力量或在教师（小伙伴）的帮助下完成摆荡和停住秋千（浪船）的动作。

活动提示

身体坐立，两臂位于荡绳外侧，握紧荡绳。秋千启动时教师应从后面双手轻缓地将幼儿推起，应特别注意双手用力的均衡性和调整自己位置的应变能力。

案例二

活动名称

站荡活动

活动方法

幼儿站在秋千或浪船上，两腿开立，两手在与肩同高的位置抓牢荡绳，教师鼓励并指导幼儿自己通过蹲、蹬、送的连贯动作，使秋千或浪船启动，并借助秋千或浪船摆动的惯性和下肢及躯干的用力，逐渐加大摆幅（见图 5-2-2）。

活动提示

当幼儿荡起秋千时，可以随秋千上、下做用力动作。秋千向下时身体用力下蹲给予加速，也可以在返回时重心降低，身体向后坐，给予加速，返回至顶点时将身体还原成站立姿势。秋千或浪船的摆荡，可以由一个幼儿独立完成，也可以由两个幼儿协调用力共同完成。

图 5-2-2　站荡活动

第三节　幼儿户外移动性器械活动

一、滑板活动

滑板活动是指在场地上利用滑板进行滑行的一项运动。滑板活动可以增强身体力量和有氧耐力，提高身体的平衡性、协调性，还可以有效地促进空间感知觉和判断能力的发展。但由于年龄和身体各方面条件因素，幼儿只要求掌握滑板活动中最基础的动作即可。

1. 滑板活动指导建议

（1）教师主要通过示范，教给幼儿正确滑行方法和技巧，包括脚蹬启动板的方法、滑行的姿势、屈臂停板的技巧等。在幼儿掌握滑板基本动作的基础上，可以采用游戏的方式练习，以提高运动兴趣和锻炼效果。

（2）做好充分的准备活动，重点是手腕、脚踝和掌指关节。滑板练习必须在平坦、干净的地面进行。

（3）要注意区别对待和个别辅导。对于体弱、胆小的幼儿，教师可以通过示范、保护、帮助和语言鼓励等手段帮助其克服身心障碍。

2. 滑板活动案例

案例一

活动名称

基本滑行练习

活动方法

滑板活动的常用姿势有两种，即左脚在前的姿势和右脚在前的姿势，幼儿可以根据自己的习惯任选一种姿势练习。以左脚在前的姿势为例，幼儿左脚全脚掌踏在滑板的前半部分，左腿屈膝支撑，上身稍前倾，两眼平视前方，右脚前脚掌踏地，并向后蹬地，两腿配合用力，使滑板获得向前的动力，进行滑行练习。

活动提示

滑板活动虽然主要由脚控制，但两臂的辅助作用也是不可或缺的。在滑行的过程中，两臂的摆动能提升滑行的速度，两臂的协调动作能帮助身体保持平衡。在幼儿掌握了基本的滑行技术后，可以引导其向多个方向滑行，或延长滑行的距离和时间。

案例二

活动名称

趣味滑行练习

活动方法

幼儿进行滑板活动除了正规的滑行练习，还可以根据幼儿兴趣，利用滑板特性，进行多种具有趣味性的练习。

（1）小蚂蚁爬行：幼儿坐在滑板上，两手扶住滑板两侧，脚在板前着地，依靠两脚向前交替蹬地产生的力量，推动滑板向前或向后移动。

（2）小轮椅旋转：幼儿双脚盘坐在滑板上，两手着地，靠手臂的力量使滑板沿着顺时针或逆时针方向转动。

（3）划小船：幼儿腹部贴住滑板，抬头翘腿，两手用力推撑地面，使滑板向前移动。

（4）摇摇床：幼儿仰卧在滑板上，两脚着地，使滑板向前、后、左、右不同方向移动或向顺时针、逆时针方向转动。

（5）顺风车：幼儿两脚蹬地，用手推动滑板一段距离后，迅速将双膝跪于滑板上，通过惯性使滑板向前滑行。

活动提示

趣味滑行练习主要依靠双脚或双手用力，推动滑板和人体运动。注意手脚用力均衡，躯干收紧，用力方向准确，停板前注意减速。此外，滑板转动练习不宜做多，且顺时针和逆时针方向应交替练习。

二、自行车活动

骑自行车是一种关于速度和力量的练习，对幼儿运动系统、心血管系统和呼吸系统有很大影响，对幼儿下肢力量和平衡能力的发展也起到积极的促进作用。幼儿使用的自行车一般分为两轮车和三轮车两种，小班幼儿学骑三轮自行车，大班幼儿学骑两轮自行车。骑自行车的主要技术包括上下车、操纵车把、调节平衡、控制行进方向、蹬车和停车等。其中，上下车、控制行进方向和蹬车是主要环节。

1. 自行车活动指导建议

（1）指导幼儿骑自行车，可以先让幼儿熟悉车性，如让幼儿推着自行车向前、向左、向右转弯行走或推车小跑练习等。在此基础上，分别教会幼儿上车、骑行、下车、停车等技术动作。

（2）提示幼儿按照正确的方法骑行，并引导幼儿养成遵守规则的习惯，避免发生碰撞和摔伤。

（3）小班幼儿可以先练习带辅助小轮的自行车和有靠背的自行车，以降低骑车难度、保证安全性，并让幼儿保持正确的骑车姿势。

2. 自行车活动案例

案例一

活动名称

上车基本练习

活动方法

（1）静止上车练习（由教师扶车）。幼儿先坐在自行车上，双手扶住车把，左（右）脚放在左（右）侧抬起的踏板上，右（左）脚撑地，眼看前方。左（右）脚用力蹬压，当自行车获得动力向前行进时，右（左）脚顺势抬起放在右（左）侧踏板上。

（2）行进中上车练习。幼儿站于小车左侧，左脚踩在左侧踏板上，右脚撑地，双手扶住车把，眼平视前方。右脚用力蹬地，使小车获得向前的滑行动力，右脚顺势抬起，从前（或从后）摆腿绕过座椅放在右侧踏板上。

活动提示

指导幼儿先掌握静止上车的方法，再学习行进中上车的方法。上车前注意调整好左、右脚位置和身体重心，双手均衡用力握住车把，方向控制稳定。

案例二

活动名称

骑行与下车基本练习

活动方法

（1）骑行练习。先让幼儿在教师扶持下沿直线骑行。幼儿在骑车的过程中，腰应立直，眼看前方，双手握住车把控制方向和平衡，双脚有节奏地蹬压踏板。骑车技术稍微熟练以后，可以让幼儿完成各种形式的骑行练习，如独立沿直线骑行练习或向左、向右拐弯，沿圆圈或蛇行骑行练习，单手扶把、另一手做动作或取物骑行练习等。

（2）下车练习。幼儿握住刹车，当车减速到快静止下来的时候，右脚先下地，随后左脚再下地。

活动提示

骑行时，后背应贴紧椅背，两手握紧车把，目视前方，两脚足底踏准踏板正中间部位，两脚相互交替，由前向后做蹬车动作。

思考·练习

1. 在指导幼儿进行攀登架活动时，应注意哪些问题?

2. 请根据不同年龄阶段幼儿身心特点，分别为小、中、大班幼儿设计一个户外器械活动游戏。

3. 活泼、轻快的音乐是烘托气氛、控制动作节奏的有效方法，试说明如何组织幼儿在不同的音乐伴奏下完成不同类别的器械活动。

第六章 幼儿体质测试与评价

学习目标

- 了解幼儿体质测试与评价的意义
- 掌握幼儿体质的测试方法
- 能够对幼儿体质测试的结果进行基本的分析和评价

第一节 幼儿体质测试

一、体质的含义

体质是指人体的健康水平和对外界的适应能力，它是在先天遗传和后天获得的基础上表现出来的人体形态结构、生理功能和心理因素等综合的、相对稳定的特征。幼儿的体质具有较明显的差异性，主要表现在形态发育、生理机能、心理状态、身体素质、运动能力以及对环境的适应能力和对疾病的抵抗力等方面。

幼儿体质的增强，一方面可以通过物质生活条件来改善，另一方面则通过体育锻炼来实现。随着国家经济的发展、物质生活水平的极大改善，幼儿的体质已有所增强，但也带来了幼儿营养过剩、超重肥胖率偏高、运动锻炼不足等问题。丰富多样的幼儿体育活动，可以有效增强幼儿体质，提高幼儿身体健康的水平。

二、幼儿体质测试的意义

幼儿园对幼儿进行体质测试与评价，主要是为了掌握幼儿在体质健康方面的发展状况，检查、评定体育教育活动对幼儿体质健康的影响效果，以便有针对性地采取相应的措施，改进幼儿体育工作，有效增强幼儿体质，提高幼儿的健康水平。进行幼儿体质测评的意义主要体现在以下三方面：

第一，客观了解和掌握幼儿生长发育和体能发展的现状，为设计和安排幼儿体育教育活动提供科学依据；

第二，检查和评定幼儿体育教育活动的实施状况与效果；

第三，系统收集反映幼儿体质的数据和资料，以便开展幼儿体质健康监测和研究工作。

因此，教师应了解幼儿体质健康的测试指标，掌握基本的测试方法和评价方法。

三、幼儿体质测试与评价内容

本教材所述幼儿体质健康状况的测试与评价内容，主要采用国家体育总局编写的《国民体质测定标准手册》（幼儿部分）中的测试指标、测试方法和评价标准，这是我国目前最具权威性和参考价值的幼儿体质研究成果。

1. 适用对象分组

（1）分组和年龄范围

《国民体质测定标准手册》（幼儿部分）的适用对象为 3 ~ 6 周岁的中国籍幼儿。按照年龄、性别分组，3 ~ 5 岁每 0.5 岁为一组（即分为 3 岁组、3.5 岁组、4 岁组、4.5 岁组、5 岁组、5.5 岁组），6 岁为一组。男、女性幼儿共计 14 个组别。

（2）年龄计算方法

1） 3 ~ 5 岁者

测试时已过当年生日，且超过 6 个月者：年龄 = 测试年 – 出生年 +0.5

测试时已过当年生日，且不满 6 个月者：年龄 = 测试年 – 出生年

测试时未过当年生日，且距生日 6 个月以下者：年龄 = 测试年 – 出生年 –0.5

测试时未过当年生日，且距生日 6 个月以上者：年龄 = 测试年 – 出生年 –1

2） 6 岁者

测试时已过当年生日者：年龄 = 测试年 – 出生年

测试时未过当年生日者：年龄 = 测试年 - 出生年 -1

2. 测试指标

幼儿体质测试指标包括身体形态和身体素质两大类别，具体见表 6-1-1。

表 6-1-1　　幼儿体质测试指标

类别	指标（单位）
身体形态	身高（厘米） 体重（千克）
身体素质	10 米折返跑（秒） 立定跳远（厘米） 网球掷远（米） 双脚连续跳（秒） 坐位体前屈（厘米） 走平衡木（秒）

3. 测试方法

幼儿测试前应保持安静状态，不要从事剧烈运动；应穿着运动服和运动鞋参加测试。

（1）形态指标测试方法

1）身高（身长）。身高主要反映幼儿骨骼方面的发育情况，它是体现幼儿身体纵向生长发育水平和发育速度的重要指标。

使用器材：使用身高坐高计测量。使用前用钢尺校对底板至身高计 1 米处，两者误差不得大于 0.1 厘米，同时检查立柱是否与底板垂直，连接处是否紧密，有无晃动，零件有无松脱等情况并及时加以纠正。一般也可以使用固定在墙上的软尺进行测量。

测试方法：受试幼儿赤足，立正姿势背对站立在身高计的底板上（上肢自然下垂，足跟并拢，足尖分开成 60 度）。足跟、骶骨部及两肩胛骨与立柱相接触，躯干自然挺直，头部正直，两眼平视，使其耳屏上缘与两眼眶下缘最低点呈水平位。检测人员站在受试幼儿右侧，将水平压板轻轻沿立柱下滑，轻压于受试幼儿头顶。检测人员读数时双眼应与压板平面等高，记录员复诵后记录检测值。记录以厘米为单位，精确到小数点后一位。检测误差不得超过 0.5 厘米。

注意事项：

◆ 身高坐高计应选择平坦靠墙的地方放置，立柱的刻度尺面向光源。

◆ 严格掌握“三点靠立柱”“两点呈水平”的检测姿势要求，检测人员读数时两眼与压板等高，两眼高于压板时要下蹲，低于压板时应垫高。

◆ 水平压板与幼儿头部接触，松紧要适度，头发蓬松要压实，头顶和额部发辫、结发要放开，饰物要取下。

◆ 读数完毕，立即将水平压板轻轻推向安全高度，以防碰坏。

2）体重。体重反映幼儿骨骼、肌肉、皮下脂肪以及内脏器官重量增长的综合情况，它是体现幼儿身体充实度的重要指标。

使用仪器：使用电子体重计（电子体重计应显示0.1千克）。使用前需检验其准确度和灵敏度。准确度要求误差不超过0.1%，即每百千克误差小于0.1千克。准确度检测的方法是：以备用的10、20、30千克标准砝码（或用标定重物代替）分别进行称量，检测指示读数与标准砝码误差是否在允许范围内。

测试方法：检测时，体重计应放在平坦地面上，校正0位。受试幼儿只穿短裤，正面站立于体重计中央。电子体重计显示数值即检测完成，记录员复诵后记录检测值。检测误差不得超过0.1千克。

注意事项：

◆ 受试幼儿站在体重计中央，上、下体重计时动作要轻。

◆ 每次使用体重计时均需校正0位。

（2）素质指标测定方法

1）10米折返跑（灵敏素质）

测试仪器：使用秒表测试。在平坦的地面上画长10米、宽1.22米的直线跑道若干条，在每条跑道折返线处设一障碍物（如木箱），在跑道起、终点线前3米处画一条目标线。

测试方法：测试时，受试幼儿最少两人一组，以站立式起跑姿势在起跑线前预备。当听到“跑”的口令后，全力跑向折返线，测试员视受试者起动开表计时。受试幼儿跑到折返线，用手触摸障碍物后转身跑向目标线，当胸部到达终点线的垂直面时，测试员停表。记录时以秒为单位，保留小数点后一位，小数点后第二位数按照“非零进一”的原则进位，如10.11秒记录为10.2秒。

注意事项：

◆ 受试幼儿应全速跑，途中不得串道，接近终点时不要减速。

◆ 在起、终点和目标线位置不能站人，以免妨碍测试。

2）立定跳远（爆发力）

测试场地和仪器：使用沙坑（距沙坑边缘20厘米处设立起跳线）或软地面、卷尺和三角板测试。

测试方法：测试时，受试幼儿双脚自然分开，站立在起跳线后，然后摆动双臂，双脚蹬地尽力向前跳，测量起跳线距最近脚跟之间的直线距离。共测试两次，取最大有效值。记录时以厘米为单位，不计小数。

注意事项：受试幼儿起跳时，不能有预跳动作。

3）网球掷远（上肢和腰腹力量）

测试仪器：使用网球和卷尺测试。在平坦地面上画一个长 20 米、宽 6 米的长方形，在长方形内，每隔 0.5 米画一条横线，以长方形长边的一侧端线为投掷线。

测试方法：测试时，受试幼儿身体面向投掷方向，两脚前后分开，站在投掷线后约一步距离，单手持球举过头顶，尽力向前掷出。球出手时，后脚可以向前迈出一步，但不能踩在或越过投掷线。有效成绩为投掷线至球着地点之间的直线距离。如果球的着地点在横线上，则记录该线所标示的数值；如果球的着地点在两条横线之间，则记录靠近投掷线的横线所标示的数值；如果球的着地点超过 20 米长的测试场地，可以用卷尺丈量；如果球的着地点超出场地的宽度，则重新投掷。共测试两次，取最大有效值。记录时以米为单位。

注意事项：测试时，严禁非受试幼儿进入投掷区，避免出现伤害事故。

4）双脚连续跳（下肢力量和协调性）

测试仪器：使用卷尺和秒表测试。在平坦地面上每隔 0.5 米画一条横线，共画 10 条，每条横线上横置一块软方包（长 10 厘米、宽 5 厘米、高 5 厘米），在距离第一块软方包 20 厘米处设立起跳线。

测试方法：测试时，受试幼儿双脚并拢，站在起跳线后，当听到“开始”口令后，双脚同时起跳，一次或两次跳过一块软方包，连续跳过 10 块软方包。测试员视受试幼儿起动开表计时，当受试者跳过第十个软方包双脚落地时，测试员停表。共测试两次，取最大有效值。记录时以秒为单位，保留小数点后一位，小数点后第二位数按照“非零进一”的原则进位，如 10.11 秒记录为 10.2 秒。

注意事项：测试时，如果受试幼儿两次单脚起跳跨越软方包、踩在软方包上或将软方包踢乱，则重新测试。

5）坐位体前屈（柔韧素质）

测试仪器：使用坐位体前屈测试仪测试。

测试方法：测试时，受试幼儿坐在垫上，双腿伸直，脚跟并拢，脚尖自然分开，全脚掌蹬在测试仪平板上，然后掌心向下，双臂并拢平伸，上身前屈，用双手中指指尖推动平板前移，直至不能移动为止。共测试两次，取最大有效值。记录时以厘米为单位，保留小数点后一位。

注意事项：

◆ 测试前，受试幼儿应做好准备活动，以防肌肉拉伤。

◆ 测试时，膝关节不得弯曲，不得有突然前振的动作。

◆ 记录时，正确填写正负号。

6）走平衡木（平衡能力）

测试仪器：使用平衡木（长3米、宽10厘米、高30厘米）和秒表测试。平衡木的两端为起点线和终点线（两端外各加一块长2厘米、宽20厘米、高30厘米的平台）。

测试方法：测试时，受试幼儿站在平台上，面向平衡木，两臂侧平举，当听到“开始”口令后前进。测试员视受试幼儿起动开表计时，当受试幼儿任意一只脚的脚尖超过终点线时，测试员停表。共测试两次，取最大有效值。记录时以秒为单位，保留小数点后一位，小数点后第二位数按照“非零进一”的原则进位，如10.11秒记录为10.2秒。

注意事项：

◆ 测试时，受试幼儿如果中途落地须重测。

◆ 必要时可以安排人员对受试幼儿进行保护。

4. 检测值的填写方法与测试流程

（1）检测值的填写方法

检测值应按每格填写一个阿拉伯数字的方法填写，如果小数点后为0，则小数点后的方格内也应填上“0”。如果记录卡上有3个整数格，而检测值只有两位数，则最前面的第一个方格也要填0。例如，身高120.5厘米，体重31.2千克，分别填写为：

身高：

1	2	0	.	5

体重：

0	3	1	.	2

注意：坐位体前屈的检测值应在第一个方格内注明正（+）或负（–）。

（2）幼儿体质健康检测测试流程（见图6–1–1）

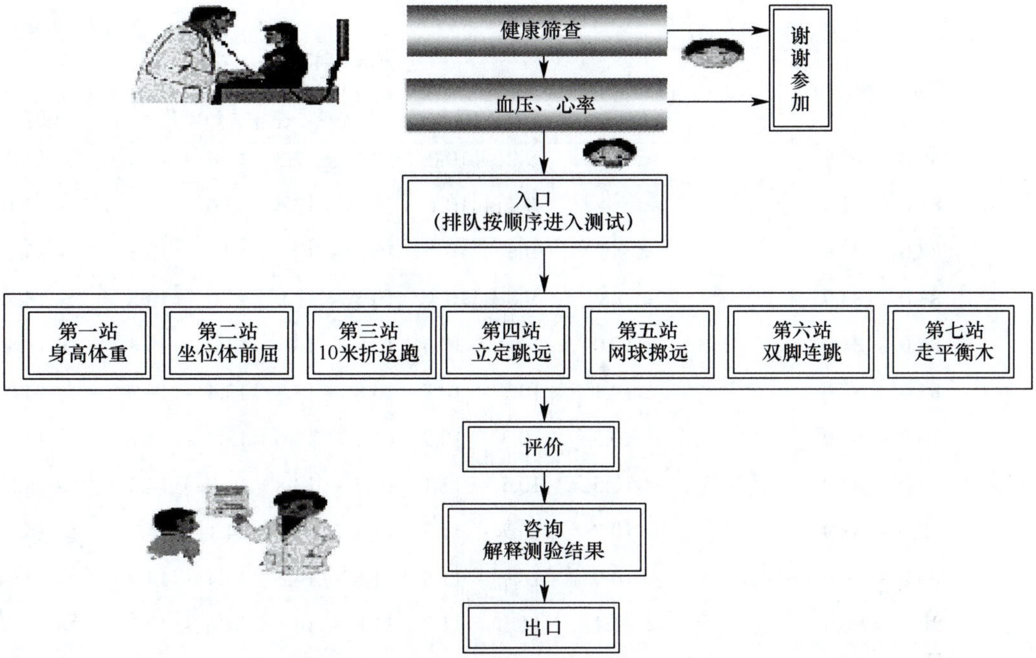

图 6-1-1　幼儿体质健康检测测试流程

第二节　幼儿体质评价

幼儿体质各项指标测试完毕并记录之后，需对测试结果进行评价。我国 3 ~ 6 岁的幼儿体质采用单项评分和综合评级进行评定。

单项评分包括身高标准体重评分和其他单项指标评分，采用 5 分制，5 分为优秀，4 分为良好，3 分为中等，2 分为中下等，1 分以下为差（见表 6-2-1 至表 6-2-9）。

表 6-2-1　　3 ~ 6 岁男童身高标准体重

身高（厘米）	体重（千克）				
	1 分	3 分	5 分	3 分	1 分
76.0 ~ 76.9	＜ 8.6	8.6 ~ 9.3	9.4 ~ 11.7	11.8 ~ 12.4	＞ 12.4
77.0 ~ 77.9	＜ 8.7	8.7 ~ 9.5	9.6 ~ 11.8	11.9 ~ 12.5	＞ 12.5
78.0 ~ 78.9	＜ 8.9	8.9 ~ 9.7	9.8 ~ 11.9	12.0 ~ 12.6	＞ 12.6
79.0 ~ 79.9	＜ 9.1	9.1 ~ 9.8	9.9 ~ 12.1	12.2 ~ 12.8	＞ 12.8

续表

身高（厘米）	体重（千克）				
	1 分	3 分	5 分	3 分	1 分
80.0 ~ 80.9	< 9.2	9.2 ~ 10.0	10.1 ~ 12.3	12.4 ~ 12.9	> 12.9
81.0 ~ 81.9	< 9.4	9.4 ~ 10.1	10.2 ~ 12.5	12.6 ~ 13.1	> 13.1
82.0 ~ 82.9	< 9.6	9.6 ~ 10.2	10.3 ~ 12.7	12.8 ~ 13.3	> 13.3
83.0 ~ 83.9	< 9.8	9.8 ~ 10.4	10.5 ~ 12.9	13.0 ~ 13.5	> 13.5
84.0 ~ 84.9	< 10.0	10.0 ~ 10.5	10.6 ~ 13.1	13.2 ~ 13.8	> 13.8
85.0 ~ 85.9	< 10.1	10.1 ~ 10.7	10.8 ~ 13.3	13.4 ~ 14.0	> 14.0
86.0 ~ 86.9	< 10.3	10.3 ~ 10.9	11.0 ~ 13.6	13.7 ~ 14.2	> 14.2
87.0 ~ 87.9	< 10.5	10.5 ~ 11.1	11.2 ~ 13.8	13.9 ~ 14.5	> 14.5
88.0 ~ 88.9	< 10.7	10.7 ~ 11.3	11.4 ~ 14.0	14.1 ~ 14.7	> 14.7
89.0 ~ 89.9	< 10.9	10.9 ~ 11.5	11.6 ~ 14.3	14.4 ~ 14.9	> 14.9
90.0 ~ 90.9	< 11.1	11.1 ~ 11.7	11.8 ~ 14.5	14.6 ~ 15.2	> 15.2
91.0 ~ 91.9	< 11.3	11.3 ~ 11.9	12.0 ~ 14.7	14.8 ~ 15.4	> 15.4
92.0 ~ 92.9	< 11.5	11.5 ~ 12.1	12.2 ~ 15.0	15.1 ~ 15.6	> 15.6
93.0 ~ 93.9	< 11.7	11.7 ~ 12.3	12.4 ~ 15.2	15.3 ~ 15.9	> 15.9
94.0 ~ 94.9	< 11.9	11.9 ~ 12.5	12.6 ~ 15.4	15.5 ~ 16.1	> 16.1
95.0 ~ 95.9	< 12.1	12.1 ~ 12.7	12.8 ~ 15.7	15.8 ~ 16.4	> 16.4
96.0 ~ 96.9	< 12.4	12.4 ~ 12.9	13.0 ~ 16.0	16.1 ~ 16.6	> 16.6
97.0 ~ 97.9	< 12.6	12.6 ~ 13.2	13.3 ~ 16.2	16.3 ~ 16.9	> 16.9
98.0 ~ 98.9	< 12.8	12.8 ~ 13.5	13.3 ~ 16.5	16.6 ~ 17.2	> 17.2
99.0 ~ 99.9	< 13.0	13.0 ~ 13.7	13.8 ~ 16.8	16.9 ~ 17.5	> 17.5
100.0 ~ 100.9	< 13.3	13.3 ~ 14.0	14.1 ~ 17.0	17.1 ~ 17.7	> 17.7
101.0 ~ 101.9	< 13.5	13.5 ~ 14.3	14.4 ~ 17.3	17.4 ~ 18.0	> 18.0
102.0 ~ 102.9	< 13.7	13.7 ~ 14.6	14.7 ~ 17.6	17.7 ~ 18.3	> 18.3
103.0 ~ 103.9	< 13.9	13.9 ~ 14.9	15.0 ~ 17.9	18.0 ~ 18.6	> 18.6
104.0 ~ 104.9	< 14.1	14.1 ~ 15.2	15.3 ~ 18.2	18.3 ~ 18.9	> 18.9
105.0 ~ 105.9	< 14.4	14.4 ~ 15.6	15.7 ~ 18.5	18.6 ~ 19.3	> 19.3
106.0 ~ 106.9	< 14.6	14.6 ~ 15.8	15.9 ~ 18.8	18.9 ~ 19.6	> 19.6
107.0 ~ 107.9	< 14.8	14.8 ~ 16.0	16.1 ~ 19.1	19.2 ~ 19.9	> 19.9
108.0 ~ 108.9	< 15.0	15.0 ~ 16.2	16.3 ~ 19.4	19.5 ~ 20.3	> 20.3
109.0 ~ 109.9	< 15.3	15.3 ~ 16.5	16.6 ~ 19.9	20.0 ~ 20.7	> 20.7
110.0 ~ 110.9	< 15.6	15.6 ~ 16.8	16.9 ~ 20.2	20.3 ~ 21.0	> 21.0

续表

身高（厘米）	体重（千克）				
	1 分	3 分	5 分	3 分	1 分
111.0 ~ 111.9	< 15.9	15.9 ~ 17.1	17.2 ~ 20.5	20.6 ~ 21.4	> 21.4
112.0 ~ 112.9	< 16.2	16.2 ~ 17.4	17.5 ~ 20.9	21.0 ~ 21.9	> 21.9
113.0 ~ 113.9	< 16.5	16.5 ~ 17.7	17.8 ~ 21.3	21.4 ~ 22.2	> 22.2
114.0 ~ 114.9	< 16.8	16.8 ~ 17.9	18.0 ~ 21.8	21.9 ~ 22.6	> 22.6
115.0 ~ 115.9	< 17.1	17.1 ~ 18.1	18.2 ~ 22.1	22.2 ~ 23.1	> 23.1
116.0 ~ 116.9	< 17.4	17.4 ~ 18.3	18.4 ~ 22.5	22.6 ~ 23.5	> 23.5
117.0 ~ 117.9	< 17.8	17.8 ~ 18.5	18.6 ~ 22.9	23.0 ~ 24.0	> 24.0
118.0 ~ 118.9	< 18.1	18.1 ~ 18.7	18.8 ~ 23.4	23.5 ~ 24.5	> 24.5
119.0 ~ 119.9	< 18.5	18.5 ~ 18.9	19.0 ~ 23.8	23.9 ~ 25.0	> 25.0
120.0 ~ 120.9	< 18.9	18.9 ~ 19.2	19.3 ~ 24.3	24.4 ~ 25.5	> 25.5
121.0 ~ 121.9	< 19.3	19.3 ~ 19.5	19.6 ~ 24.7	24.8 ~ 26.0	> 26.0
122.0 ~ 122.9	< 19.6	19.6 ~ 20.0	20.1 ~ 25.3	25.4 ~ 26.5	> 26.5
123.0 ~ 123.9	< 20.0	20.0 ~ 20.4	20.5 ~ 25.8	25.9 ~ 27.1	> 27.1
124.0 ~ 124.9	< 20.4	20.4 ~ 20.8	20.9 ~ 26.3	26.4 ~ 27.7	> 27.7
125.0 ~ 125.9	< 20.8	20.8 ~ 21.3	21.4 ~ 26.9	27.0 ~ 28.3	> 28.3
126.0 ~ 126.9	< 21.2	21.2 ~ 21.7	21.8 ~ 27.4	27.5 ~ 28.9	> 28.9
127.0 ~ 127.9	< 21.6	21.6 ~ 22.2	22.3 ~ 28.0	28.1 ~ 29.5	> 29.5
128.0 ~ 128.9	< 22.0	22.0 ~ 22.6	22.7 ~ 28.6	28.7 ~ 30.2	> 30.2
129.0 ~ 129.9	< 22.5	22.5 ~ 23.1	23.2 ~ 29.2	29.3 ~ 30.9	> 30.9
130.0 ~ 130.9	< 22.9	22.9 ~ 23.6	23.7 ~ 29.8	29.9 ~ 31.6	> 31.6
131.0 ~ 131.9	< 23.4	23.4 ~ 24.1	24.2 ~ 30.5	30.6 ~ 32.3	> 32.3
132.0 ~ 132.9	< 23.8	23.8 ~ 24.6	24.7 ~ 31.2	31.3 ~ 33.1	> 33.1
133.0 ~ 133.9	< 24.3	24.3 ~ 25.1	25.2 ~ 31.9	32.0 ~ 33.8	> 33.8
134.0 ~ 134.9	< 24.8	24.8 ~ 25.7	25.8 ~ 32.7	32.8 ~ 34.6	> 34.6
135.0 ~ 135.9	< 25.3	25.3 ~ 26.2	26.3 ~ 33.4	33.5 ~ 35.5	> 35.5
136.0 ~ 136.9	< 25.8	25.8 ~ 26.8	26.9 ~ 34.2	34.3 ~ 36.3	> 36.3
137.0 ~ 137.9	< 26.3	26.3 ~ 27.4	27.5 ~ 35.0	35.1 ~ 36.9	> 36.9
138.0 ~ 138.9	< 26.8	26.8 ~ 28.0	28.1 ~ 35.8	35.9 ~ 37.5	> 37.5
139.0 ~ 139.9	< 27.4	27.4 ~ 28.6	28.7 ~ 36.6	36.7 ~ 38.2	> 38.2
140.0 ~ 140.9	< 27.9	27.9 ~ 29.2	29.3 ~ 37.5	37.6 ~ 38.9	> 38.9
141.0 ~ 141.9	< 28.4	28.4 ~ 29.9	30.0 ~ 38.5	38.6 ~ 39.7	> 39.7

续表

身高（厘米）	体重（千克）				
	1 分	3 分	5 分	3 分	1 分
142.0 ~ 142.9	< 29.0	29.0 ~ 30.6	30.7 ~ 39.6	39.7 ~ 40.6	> 40.6
143.0 ~ 143.9	< 29.7	29.7 ~ 31.3	31.4 ~ 40.6	40.7 ~ 41.6	> 41.6
144.0 ~ 144.9	< 30.4	30.4 ~ 31.9	32.0 ~ 41.7	41.8 ~ 42.6	> 42.6
145.0 ~ 145.9	< 31.0	31.0 ~ 32.5	32.6 ~ 42.7	42.8 ~ 43.7	> 43.7

表 6-2-2　　3 ~ 6 岁女童身高标准体重评分表

身高（厘米）	体重（千克）				
	1 分	3 分	5 分	3 分	1 分
76.0 ~ 76.9	< 8.9	8.9 ~ 9.0	9.1 ~ 11.6	11.7 ~ 12.9	> 12.9
77.0 ~ 77.9	< 9.0	9.0 ~ 9.1	9.2 ~ 11.8	11.9 ~ 13.1	> 13.1
78.0 ~ 78.9	< 9.1	9.1 ~ 9.3	9.4 ~ 12.0	12.1 ~ 13.2	> 13.2
79.0 ~ 79.9	< 9.3	9.3 ~ 9.5	9.6 ~ 12.2	12.3 ~ 13.3	> 13.3
80.0 ~ 80.9	< 9.5	9.5 ~ 9.7	9.8 ~ 12.4	12.5 ~ 13.5	> 13.5
81.0 ~ 81.9	< 9.7	9.7 ~ 10.0	10.1 ~ 12.6	12.7 ~ 13.7	> 13.7
82.0 ~ 82.9	< 9.9	9.9 ~ 10.2	10.3 ~ 12.8	12.9 ~ 13.9	> 13.9
83.0 ~ 83.9	< 10.1	10.1 ~ 10.4	10.5 ~ 13.1	13.2 ~ 14.1	> 14.1
84.0 ~ 84.9	< 10.3	10.3 ~ 10.6	10.7 ~ 13.3	13.4 ~ 14.4	> 14.4
85.0 ~ 85.9	< 10.5	10.5 ~ 10.8	10.9 ~ 13.5	13.6 ~ 14.6	> 14.6
86.0 ~ 86.9	< 10.7	10.7 ~ 11.0	11.1 ~ 13.7	13.8 ~ 14.8	> 14.8
87.0 ~ 87.9	< 10.9	10.9 ~ 11.2	11.3 ~ 14.0	14.1 ~ 15.1	> 15.1
88.0 ~ 88.9	< 11.1	11.1 ~ 11.4	11.5 ~ 14.2	14.3 ~ 15.3	> 15.3
89.0 ~ 89.9	< 11.3	11.3 ~ 11.6	11.7 ~ 14.4	14.5 ~ 15.6	> 15.6
90.0 ~ 90.9	< 11.5	11.5 ~ 11.8	11.9 ~ 14.7	14.8 ~ 15.8	> 15.8
91.0 ~ 91.9	< 11.7	11.7 ~ 12.1	12.2 ~ 14.9	15.0 ~ 16.1	> 16.1
92.0 ~ 92.9	< 11.9	11.9 ~ 12.3	12.4 ~ 15.2	15.3 ~ 16.3	> 16.3
93.0 ~ 93.9	< 12.1	12.1 ~ 12.5	12.6 ~ 15.4	15.5 ~ 16.6	> 16.6
94.0 ~ 94.9	< 12.3	12.3 ~ 12.7	12.8 ~ 15.7	15.8 ~ 16.8	> 16.8
95.0 ~ 95.9	< 12.5	12.5 ~ 13.0	13.1 ~ 15.9	16.0 ~ 17.1	> 17.1
96.0 ~ 96.9	< 12.7	12.7 ~ 13.2	13.3 ~ 16.2	16.3 ~ 17.4	> 17.4
97.0 ~ 97.9	< 13.0	13.0 ~ 13.4	13.5 ~ 16.5	16.6 ~ 17.7	> 17.7

续表

身高（厘米）	体重（千克）				
	1 分	3 分	5 分	3 分	1 分
98.0 ~ 98.9	< 13.2	13.2 ~ 13.7	13.8 ~ 16.7	16.8 ~ 18.0	> 18.0
99.0 ~ 99.9	< 13.4	13.4 ~ 13.9	14.0 ~ 17.0	17.1 ~ 18.2	> 18.2
100.0 ~ 100.9	< 13.6	13.6 ~ 14.2	14.3 ~ 17.3	17.4 ~ 18.5	> 18.5
101.0 ~ 101.9	< 13.9	13.9 ~ 14.4	14.5 ~ 17.6	17.7 ~ 18.8	> 18.8
102.0 ~ 102.9	< 14.1	14.1 ~ 14.7	14.8 ~ 17.9	18.0 ~ 19.1	> 19.1
103.0 ~ 103.9	< 14.3	14.3 ~ 14.9	15.0 ~ 18.2	18.3 ~ 19.5	> 19.5
104.0 ~ 104.9	< 14.6	14.6 ~ 15.2	15.3 ~ 18.5	18.6 ~ 19.8	> 19.8
105.0 ~ 105.9	< 14.8	14.8 ~ 15.5	15.6 ~ 18.8	18.9 ~ 20.1	> 20.1
106.0 ~ 106.9	< 15.1	15.1 ~ 15.7	15.8 ~ 19.1	19.2 ~ 20.4	> 20.4
107.0 ~ 107.9	< 15.4	15.4 ~ 16.0	16.1 ~ 19.4	19.5 ~ 20.8	> 20.8
108.0 ~ 108.9	< 15.6	15.6 ~ 16.3	16.4 ~ 19.8	19.9 ~ 21.1	> 21.1
109.0 ~ 109.9	< 15.9	15.9 ~ 16.6	16.7 ~ 20.1	20.2 ~ 21.5	> 21.5
110.0 ~ 110.9	< 16.2	16.2 ~ 16.9	17.0 ~ 20.5	20.6 ~ 21.8	> 21.8
111.0 ~ 111.9	< 16.5	16.5 ~ 17.2	17.3 ~ 20.8	20.9 ~ 22.2	> 22.2
112.0 ~ 112.9	< 16.8	16.8 ~ 17.5	17.6 ~ 21.2	21.3 ~ 22.6	> 22.6
113.0 ~ 113.9	< 17.1	17.1 ~ 17.8	17.9 ~ 21.6	21.7 ~ 23.0	> 23.0
114.0 ~ 114.9	< 17.4	17.4 ~ 18.2	18.3 ~ 21.9	22.0 ~ 23.4	> 23.4
115.0 ~ 115.9	< 17.7	17.7 ~ 18.5	18.6 ~ 22.2	22.3 ~ 23.8	> 23.8
116.0 ~ 116.9	< 18.0	18.0 ~ 18.8	18.9 ~ 22.8	22.9 ~ 23.4	> 24.3
117.0 ~ 117.9	< 18.4	18.4 ~ 19.2	19.3 ~ 23.2	23.3 ~ 24.8	> 24.8
118.0 ~ 118.9	< 18.7	18.7 ~ 19.6	19.7 ~ 23.7	23.8 ~ 25.2	> 25.2
119.0 ~ 119.9	< 19.1	19.1 ~ 20.2	20.3 ~ 24.1	24.2 ~ 25.8	> 25.8
120.0 ~ 120.9	< 19.4	19.4 ~ 20.5	20.6 ~ 24.6	24.7 ~ 26.3	> 26.3
121.0 ~ 121.9	< 19.8	19.8 ~ 20.8	20.9 ~ 25.0	25.1 ~ 26.9	> 26.9
122.0 ~ 122.9	< 20.2	20.2 ~ 21.2	21.3 ~ 25.4	25.5 ~ 27.5	> 27.5
123.0 ~ 123.9	< 20.6	20.6 ~ 21.6	21.7 ~ 25.8	25.9 ~ 28.1	> 28.1
124.0 ~ 124.9	< 21.0	21.0 ~ 22.0	22.1 ~ 26.2	26.3 ~ 28.7	> 28.7
125.0 ~ 125.9	< 21.4	21.4 ~ 22.5	22.6 ~ 2635	26.6 ~ 29.4	> 29.4
126.0 ~ 126.9	< 21.8	21.8 ~ 23.0	23.1 ~ 26.9	27.0 ~ 30.2	> 30.2
127.0 ~ 127.9	< 22.2	22.2 ~ 23.4	23.5 ~ 27.3	27.4 ~ 30.9	> 30.9
128.0 ~ 128.9	< 22.7	22.7 ~ 24.0	24.1 ~ 27.8	27.9 ~ 31.7	> 31.7

续表

身高（厘米）	体重（千克）				
	1 分	3 分	5 分	3 分	1 分
129.0 ~ 129.9	＜ 23.1	23.1 ~ 24.5	24.6 ~ 28.3	28.4 ~ 32.6	＞ 32.6
130.0 ~ 130.9	＜ 23.6	23.6 ~ 25.0	25.1 ~ 28.8	28.9 ~ 33.4	＞ 33.4
131.0 ~ 131.9	＜ 24.1	24.1 ~ 25.6	25.7 ~ 29.3	29.4 ~ 34.4	＞ 34.4
132.0 ~ 132.9	＜ 24.6	24.6 ~ 26.1	26.2 ~ 29.7	39.8 ~ 35.3	＞ 35.3
133.0 ~ 133.9	＜ 25.1	25.1 ~ 26.7	26.8 ~ 30.2	30.3 ~ 36.3	＞ 36.3
134.0 ~ 134.9	＜ 25.7	25.7 ~ 27.3	27.4 ~ 30.7	30.8 ~ 37.4	＞ 37.4
135.0 ~ 135.9	＜ 26.2	26.2 ~ 28.0	28.1 ~ 31.2	31.3 ~ 38.5	＞ 28.5
136.0 ~ 136.9	＜ 26.7	26.7 ~ 28.6	28.7 ~ 31.7	31.8 ~ 39.7	＞ 29.7
137.0 ~ 137.9	＜ 27.4	27.4 ~ 29.4	29.5 ~ 32.3	32.4 ~ 40.6	＞ 40.6

表 6-2-3　　3 岁幼儿其他单项指标评分表

测试指标	1 分	2 分	3 分	4 分	5 分
	男				
身高（厘米）	＜ 91.2	91.2 ~ 95.4	95.5 ~ 99.3	99.4 ~ 104.1	＞ 104.1
10 米折返跑（秒）	15.8 ~ 12.9	12.8 ~ 10.3	10.2 ~ 9.1	9.0 ~ 8.0	＜ 8.0
立定跳远（厘米）	21 ~ 29	30 ~ 42	43 ~ 58	59 ~ 76	＞ 76
网球掷远（米）	1.5	2.0 ~ 2.5	3.0 ~ 3.5	4.0 ~ 5.5	＞ 5.5
双脚连续跳（秒）	25.0 ~ 19.7	19.6 ~ 13.1	13.0 ~ 9.2	9.1 ~ 6.6	＜ 6.6
坐位体前屈（厘米）	2.9 ~ 4.8	4.9 ~ 8.5	8.6 ~ 11.6	11.7 ~ 14.9	＞ 14.9
走平衡木（秒）	48.5 ~ 30.1	30.0 ~ 16.9	16.8 ~ 10.6	10.5 ~ 6.6	＜ 6.6
	女				
身高（厘米）	＜ 90.0	90.0 ~ 94.6	94.7 ~ 98.0	98.1 ~ 103.0	＞ 103.0
10 米折返跑（秒）	16.8 ~ 13.5	13.4 ~ 10.6	10.5 ~ 9.4	9.3 ~ 8.2	＜ 8.2
立定跳远（厘米）	21 ~ 28	29 ~ 39	40 ~ 54	55 ~ 71	＞ 71
网球掷远（米）	1.0	1.5 ~ 2.0	2.5 ~ 3.0	3.5 ~ 5.0	＞ 5.0
双脚连续跳（秒）	25.9 ~ 20.1	20.0 ~ 13.5	13.4 ~ 9.8	9.7 ~ 7.1	＜ 7.1
坐位体前屈（厘米）	3.2 ~ 6.2	6.3 ~ 9.9	10.0 ~ 12.9	13.0 ~ 15.9	＞ 15.9
走平衡木（秒）	49.8 ~ 32.5	32.4 ~ 17.4	17.3 ~ 10.8	10.7 ~ 6.9	＜ 6.9

表 6-2-4　　3.5 岁幼儿其他单项指标评分表

测试指标	1 分	2 分	3 分	4 分	5 分
	男				
身高（厘米）	＜ 94.1	94.1 ～ 94.6	98.3 ～ 102.0	102.1 ～ 106.9	＞ 106.9
10 米折返跑（秒）	14.0 ～ 11.4	13.4 ～ 10.6	9.4 ～ 8.4	8.3 ～ 7.5	＜ 7.5
立定跳远（厘米）	27 ～ 34	29 ～ 39	53 ～ 69	70 ～ 84	＞ 84
网球掷远（米）	1.5	1.5 ～ 2.0	3.0 ～ 4.0	4.5 ～ 5.5	＞ 5.5
双脚连续跳（秒）	21.8 ～ 17.0	20.0 ～ 13.5	11.1 ～ 8.3	8.2 ～ 6.1	＜ 6.1
坐位体前屈（厘米）	2.7 ～ 4.6	6.3 ～ 9.9	8.5 ～ 11.5	11.6 ～ 14.9	＞ 14.9
走平衡木（秒）	41.1 ～ –27.1	32.4 ～ 17.4	15.0 ～ 9.4	9.3 ～ 5.9	＜ 5.9
	女				
身高（厘米）	＜ 93.0	93.0 ～ 97.5	97.6 ～ 101.1	101.2 ～ 105.5	＞ 105.5
10 米折返跑（秒）	14.9 ～ 12.1	12.0 ～ 9.8	9.7 ～ 8.7	8.6 ～ 7.7	＜ 7.7
立定跳远（厘米）	25 ～ 33	34 ～ 49	50 ～ 64	65 ～ 81	＞ 81
网球掷远（米）	1.5	2.0 ～ 2.5	3.0 ～ 3.5	4.0 ～ 5.0	＞ 5.0
双脚连续跳（秒）	21.9 ～ 17.1	17.0 ～ 11.3	11.2 ～ 8.5	8.4 ～ 6.2	＜ 6.2
坐位体前屈（厘米）	3.5 ～ 6.2	6.3 ～ 9.9	10.0 ～ 12.9	13.0 ～ 15.9	＞ 15.9
走平衡木（秒）	40.4 ～ 27.5	27.4 ～ 15.1	15.0 ～ 9.7	9.6 ～ 6.1	＜ 6.1

表 6-2-5　　4 岁幼儿其他单项指标评分表

测试指标	1 分	2 分	3 分	4 分	5 分
	男				
身高（厘米）	＜ 97.5	97.5 ～ 101.9	102.0 ～ 105.4	105.5 ～ 110.4	＞ 110.4
10 米折返跑（秒）	12.4 ～ 10.2	10.1 ～ 8.6	8.5 ～ 7.7	7.6 ～ 6.9	＜ 6.9
立定跳远（厘米）	35 ～ 46	47 ～ 64	65 ～ 79	80 ～ 95	＞ 95
网球掷远（米）	2.0 ～ 2.5	3.0 ～ 3.5	4.0 ～ 4.5	5.0 ～ 6.0	＞ 6.0
双脚连续跳（秒）	17.0 ～ 13.2	13.1 ～ 9.2	9.1 ～ 7.1	7.0 ～ 5.6	＜ 5.6
坐位体前屈（厘米）	2.4 ～ 4.4	4.5 ～ 8.4	8.5 ～ 11.4	11.5 ～ 14.9	＞ 14.9
走平衡木（秒）	33.2 ～ 21.6	21.5 ～ 11.6	11.5 ～ 7.4	7.3 ～ 4.9	＜ 4.9
	女				
身高（厘米）	＜ 96.6	96.6 ～ 100.9	101.0 ～ 104.4	104.5 ～ 108.9	＞ 108.9
10 米折返跑（秒）	13.2 ～ 13.5	10.8 ～ 9.1	9.0 ～ 8.1	8.0 ～ 8.2	＜ 7.2
立定跳远（厘米）	32 ～ 43	44 ～ 59	60 ～ 73	74 ～ 89	＞ 89
网球掷远（米）	2	2.5 ～ 3.0	3.5 ～ 4.0	4.5 ～ 5.0	＞ 5.0
双脚连续跳（秒）	17.2 ～ 13.5	13.4 ～ 9.6	9.5 ～ 7.4	7.3 ～ 5.9	＜ 5.9
坐位体前屈（厘米）	3.4 ～ 5.9	6.0 ～ 9.9	10.0 ～ 12.9	13.0 ～ 15.9	＞ 15.9
走平衡木（秒）	32.2 ～ 22.6	22.5 ～ 12.3	12.2 ～ 8.2	8.1 ～ 5.3	＜ 5.3

表 6-2-6　　4.5 岁幼儿其他单项指标评分表

测试指标	1 分	2 分	3 分	4 分	5 分
	男				
身高（厘米）	＜100.0	100.0～104.6	104.7～108.4	108.5～113.1	＞113.1
10 米折返跑（秒）	11.8～9.8	97～8.1	8.0～7.3	7.2～6.7	＜6.7
立定跳远（厘米）	40～54	55～72	73～88	89～102	＞102
网球掷远（米）	2.5	3.0～4.0	4.5～6.0	6.5～8.0	＞8.0
双脚连续跳（秒）	14.5～11.3	11.2～8.2	8.1～6.5	6.4～5.3	＜5.3
坐位体前屈（厘米）	1.8～4.1	4.2～7.9	8.0～10.9	11.0～14.4	＞14.4
走平衡木（秒）	28.4～17.9	17.8～9.7	9.6～6.3	6.2～4.3	＜4.3
	女				
身高（厘米）	＜99.0	99.0～103.6	103.7～107.3	107.4～111.9	＞111.9
10 米折返跑（秒）	12.4～10.3	10.2～8.6	8.5～7.7	7.6～7.0	＜7.0
立定跳远（厘米）	40～49	50～67	68～80	81～96	＞96
网球掷远（米）	2.0	2.5～3.0	3.5～4.0	4.5～5.5	＞5.5
双脚连续跳（秒）	14.9～12.0	11.9～8.6	8.5～6.8	6.7～5.5	＜5.5
坐位体前屈（厘米）	3.0～5.9	6.0～9.9	10.0～12.9	13.0～16.0	＞16.0
走平衡木（秒）	26.5～18.7	18.6～10.2	10.1～7.0	6.9～4.7	＜4.7

表 6-2-7　　5 岁幼儿其他单项指标评分表

测试指标	1 分	2 分	3 分	4 分	5 分
	男				
身高（厘米）	＜103.1	103.1～107.8	107.9～111.9	112.0～116.9	＞116.9
10 米折返跑（秒）	10.3～9.0	8.9～7.7	7.6～7.0	6.9～6.4	＜6.4
立定跳远（厘米）	50～64	65～79	80～95	96～110	＞110
网球掷远（米）	3.0～3.5	4.0～5.0	5.5～7.0	7.5～9.0	＞9.0
双脚连续跳（秒）	12.5～9.9	9.8～7.3	7.2～6.0	5.9～5.1	＜5.1
坐位体前屈（厘米）	1.1～3.4	3.5～7.5	7.6～10.9	11.0～14.4	＞14.4
走平衡木（秒）	22.2～14.1	14.0～7.9	7.8～5.3	5.2～3.7	＜3.7
	女				
身高（厘米）	＜102.0	102.0～106.5	106.6～110.4	110.5～115.4	＞115.4
10 米折返跑（秒）	11.2～9.7	9.6～8.1	8.0～7.3	7.2～6.7	＜6.7
立定跳远（厘米）	50～59	60～74	75～88	89～102	＞102
网球掷远（米）	2.5～3.0	3.5～4.0	4.5～5.5	6.0～8.5	＞8.5
双脚连续跳（秒）	12.7～10.1	10.0～7.6	7.5～6.2	6.1～5.2	＜5.2
坐位体前屈（厘米）	3.0～5.4	5.5～9.6	9.7～13.1	13.2～16.6	＞16.6
走平衡木（秒）	23.7～14.1	14.0～8.3	8.2～5.8	5.7～4.1	＜4.1

表 6-2-8　　5.5 岁幼儿其他单项指标评分表

测试指标	1 分	2 分	3 分	4 分	5 分
	男				
身高（厘米）	< 104.6	104.6 ~ 110.1	110.2 ~ 114.6	114.7 ~ 119.7	> 119.7
10 米折返跑（秒）	10.0 ~ 8.6	8.5 ~ 7.4	7.3 ~ 6.8	6.7 ~ 6.2	< 6.2
立定跳远（厘米）	56 ~ 69	70 ~ 89	90 ~ 102	1.3 ~ 119	> 119
网球掷远（米）	3.0 ~ 3.5	4.0 ~ 5.5	6.0 ~ 7.5	8.0 ~ 10.0	> 10.0
双脚连续跳（秒）	11.9 ~ 9.4	9.3 ~ 6.9	6.8 ~ 5.7	5.6 ~ 4.9	< 4.9
坐位体前屈（厘米）	1.0 ~ 3.2	3.3 ~ 7.5	7.6 ~ 10.9	11.4 ~ 14.4	> 14.4
走平衡木（秒）	19.2 ~ 12.1	12.0 ~ 6.8	6.7 ~ 4.6	4.5 ~ 3.3	< 3.3
	女				
身高（厘米）	< 104.5	104.5 ~ 109.2	109.3 ~ 113.4	113.5 ~ 118.4	> 118.4
10 米折返跑（秒）	10.5 ~ 9.1	9.0 ~ 7.7	7.6 ~ 7.0	6.9 ~ 6.4	< 6.4
立定跳远（厘米）	54 ~ 65	66 ~ 81	82 ~ 95	96 ~ 109	> 109
网球掷远（米）	3.0	3.5 ~ 4.5	5.0 ~ 6.0	6.5 ~ 8.5	> 8.5
双脚连续跳（秒）	11.5 ~ 9.3	9.2 ~ 7.0	6.9 ~ 5.8	5.7 ~ 4.9	< 4.9
坐位体前屈（厘米）	3.0 ~ 5.4	5.5 ~ 9.6	9.7 ~ 12.9	13.0 ~ 16.7	> 16.7
走平衡木（秒）	20.1 ~ 12.6	12.5 ~ 7.5	7.4 ~ 5.1	5.0 ~ 3.6	< 3.6

表 6-2-9　　6 岁幼儿其他单项指标评分表

测试指标	1 分	2 分	3 分	4 分	5 分
	男				
身高（厘米）	< 108.2	108.2 ~ 113.2	113.3 ~ 117.7	117.8 ~ 123.0	> 123.0
10 米折返跑（秒）	9.4 ~ 8.0	7.9 ~ 6.9	6.8 ~ 6.3	6.2 ~ 5.8	< 5.8
立定跳远（厘米）	61 ~ 78	79 ~ 94	95 ~ 110	111 ~ 127	> 127
网球掷远（米）	3.5 ~ 4.0	4.5 ~ 6.5	7.0 ~ 9.0	9.5 ~ 12.0	> 12.0
双脚连续跳（秒）	10.4 ~ 8.3	8.2 ~ 6.2	6.1 ~ 5.2	5.1 ~ 4.4	< 4.4
坐位体前屈（厘米）	1.0 ~ 3.1	3.2 ~ 7.0	7.1 ~ 10.4	10.5 ~ 14.4	> 14.4
走平衡木（秒）	16.0 ~ 9.4	9.3 ~ 5.4	5.3 ~ 3.8	3.7 ~ 2.7	< 2.7
	女				
身高（厘米）	< 107.0	107.0 ~ 111.9	112.0 ~ 116.6	116.7 ~ 121.7	> 121.7
10 米折返跑（秒）	10.2 ~ 8.6	8.5 ~ 7.3	7.2 ~ 6.6	6.5 ~ 6.1	< 6.1
立定跳远（厘米）	60 ~ 70	71 ~ 86	87 ~ 100	101 ~ 116	> 116
网球掷远（米）	3.0	3.5 ~ 4.5	5.0 ~ 6.0	6.5 ~ 8.0	> 8.0
双脚连续跳（秒）	10.5 ~ 8.4	8.3 ~ 6.3	6.2 ~ 5.3	5.2 ~ 4.6	< 4.6
坐位体前屈（厘米）	3.0 ~ 5.3	5.4 ~ 9.5	9.6 ~ 12.9	13.0 ~ 16.7	> 16.7
走平衡木（秒）	17.0 ~ 10.8	10.7 ~ 6.2	6.1 ~ 4.3	4.2 ~ 3.0	< 3.0

综合评级根据受试幼儿全部指标所得分数的总分进行综合评定，评定分为四级，一级为优秀，二级为良好，三级为合格，四级为不合格。任意一项指标无分者，不进行综合评级（见表 6-2-10）。

表 6-2-10　综合评级标准

等级	得分
一级（优秀）	＞31 分
二级（良好）	28 ～ 31 分
三级（合格）	20 ～ 27 分
四级（不合格）	＜20 分

思考 · 练习

1. 什么是体质？现阶段我国幼儿体质发展的特点是什么？
2. 简述幼儿体质测试的基本流程。
3. 组织幼儿进行体质测试时，如何保证测试的准确性和客观性？